심리학의 역설

관계, 사랑, 인생이 내 마음처럼 안 되는 이유

심리학의
역설

강현식 (누다심) 지음

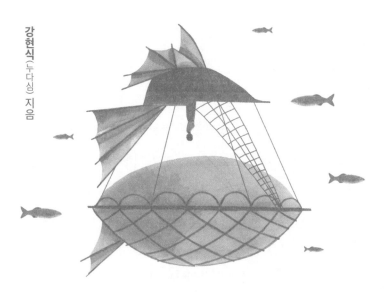

모순적인 마음을 이해하는 데
꼭 필요한 심리학의 역설

심리학 칼럼니스트와 상담센터 대표로 활동하다 보니 많은 사람을 만나게 된다. 그들은 나에게 자신들의 어려움과 고충을 털어놓고 도움을 요청한다. 나는 가능한 한 그 요청에 응답하려고 한다. 학부와 대학원에서 쌓은 심리학 지식, 그리고 20년 이상 현장에서 얻은 경험에 근거해서 말이다.

그런데 호소하는 문제가 같더라도 사람마다 해결책이 다르다. 그 사람이 처한 상황이나 주변 사람들과 맺고 있는 관계가 다르기 때문이다. 또, 해결책이 있더라도 시간이나 상황에 따라 다르게 적용해야 하는 것이 일반적이다. 무차별적으로 적용했다가는 낭패를 보기 십상이다.

왜 그럴까? 인간의 마음은 어떠한 현상보다 예측과 통제가 어렵기 때문이다. 경우의 수가 너무도 많다. 한마디로 설명하기 어려울 정도로 복잡하다. 심리학이 다른 학문들보다 늦게 생겨난 이유도 바로 이 때문이다. 명쾌한 답을 기대하고 찾아왔던 이들은 나의 복잡한 설명을 들으면 아리송한 표정을 짓는다. 이때마다 나는 고민했다.

'어떻게 하면 조금 더 선명한 표현으로 복잡한 인간의 마음을 이해하게 만들 수 있을까?'

그러다가 역설이라는 키워드를 떠올리고는 눈을 번쩍 떴다. 역설이란 그 자체로는 모순적이지만, 복잡한 현상을 잘 드러내 준다. 그래서일까? 철학과 종교, 속담과 격언 중에는 역설의 표현이 많다. 언뜻 보면 말이 되지 않는 듯하지만, 곰곰이 생각해 보면 무릎을 탁 치게 하는 통찰을 얻는다. 이런 역설의 표현을 사용하면 복잡한 인간의 마음을 보다 선명하게 이해할 수 있다.

역설에 눈을 뜬 계기는 심리상담이다. 사람들은 나에게 찾아와 자신들이 겪은 다양한 삶의 이야기를 들려주었다. 부모로부터 앞으로도 잘 하라는 칭찬을 받은 후 부모를 실망시킬지도 모른다는 부담감에 이전보다 더 못하게 되는 자녀, 자신의 처지를 긍정적으로 생각하라는 조언을 들을 때마다 더 우울해지고 부정적인 생각에 사로잡힌다는 편의점 사장님, 자녀가 잘되기를 바라는 마음에 잔소리를 했는데 오히려 그 때문에 상처를 받은 것 같다며 자책하는 부모, 학생들을 가르칠수록 더 많은 것을 깨닫게 된다는 학원 강사, 나쁜 친구들의 요구를 거절하지 못해서 공범으로 전락해 버린 순진하고 착한 청소년, 발표가 무서워서 피했는데 피할수록 발표 상황이 더 무서워졌다고 말하는 대학생, 내가 애쓰고 노력하면 내 뜻대로 통제할 수 있을 줄 알았는데 더 무기력해진다는 직장인, 너무 사랑하던 사이였지만 한번 금이 가기 시작한 후 서로에 대한 분노를 멈추지 못하는 부부, 평생을 함께하기로 했지만 옆에 있어도 외롭다고 말하는 부부까지….

많은 이들을 만나 그들의 복잡한 마음을 들었다. 그리고 심리학 지식과 경험을 동원해 그 마음을 자세히 설명해 주었다. 충분히 그럴 수 있다고, 잘못된 것이 아니라고 말했다. 내 이야기를 들은 사람들은 자신의 마음이 설명될 수 있으며, 자신의 삶에서 꼬여 버린 매듭과 같은 주변 사람들과의 관계를 제대로 풀어 갈 수 있는 방법이 있다는 사실에 놀라고 안심했다.

우리가 책이나 영상 등 다양한 매체를 통해 접하는 심리학 지식과 정보는 단순명료하다. 처음에는 이해하기도 쉽고, 자신의 삶에 적용하기도 쉽다. 그대로 따라 하기만 하면 행복해지고 마음도 건강해질 거라는 확신마저 든다. 실제로 좋은 효과가 나타나기도 한다. 그러나 어느 순간 그 효과가 사라지거나 혹은 반대의 효과가 나타난다. 인간의 마음이 단순하지 않고 복잡하기 때문에 이런 혼란이 나타나는 것이다.

그렇다면 복잡한 인간의 마음을 이해하고 삶에 적용할 수 있는 심리학 지식과 정보는 어때야 할까? 이 물음에 대한 답은 단순하다. 복잡해야 한다. 실제로 심리학의 이론과 실험은 서로 상충하는 주장을 하는 경우가 많다. 복잡한 마음에 대한 설명이 복잡한 것은 당연하다. 이런 면에서 역설은 좋은 표현 방식이다.

이 책은 우리 마음의 현상을 역설로 풀어내고 있다. 당연히 심리학의 여러 이론과 실험을 그 근거로 제시하면서 말이다. 역설을 이해하면 복잡한 마음과 관계가 보다 선명하게 보일 것이다. 이 책이 사람의 마음을 제대로 이해하고, 삶과 관계를 전보다 행복하게 만드는 데 도움이 되기를 바란다.

강현식

| 차례 |

Chapter 1.   칭찬만 하면 더 잘할 줄 알았는데
칭찬의 역설

Chapter 2.   긍정적이면 다 해결되는 게 아니야?
긍정의 역설

Chapter 8.　사랑한 만큼 증오하게 되는 이유
사랑의 역설

Chapter 9.　함께 있으면 외롭지 않을 줄 알았는데
외로움의 역설

Chapter 1.

칭찬만 하면
더 잘할 줄
알았는데

• 칭찬의 역설 •

정말로 칭찬이
고래를 춤추게 할까

—

　미국의 유명 컨설턴트이자 작가인 켄 블렌차드Ken Blanchard의 저서 《칭찬은 고래도 춤추게 한다》는 전 세계적인 베스트셀러다. 우리나라에서도 인기가 상당했다. 베스트셀러가 된다는 것이 얼마나 어려운 일인지 잘 알기에 심리학 관련 분야의 베스트셀러라면 어떻게든 읽으려고 한다. 베스트셀러가 되었다는 것은 그 책이 사람들에게 강력한 메시지나 감동을 주기 때문이 아닌가! 나 역시 글을 통해 대중과 소통하는 입장이기에 더욱 그렇다.

　하지만 이 책은 꽤 오랜 시간 동안 마음이 동하지 않았다. 읽어 봐야겠다고 계속 결심하면서도 왠지 모를 거부감이 들었다. 그 이유는 다름 아닌 제목 때문이었다. 칭찬, 그리고 춤추는 고래. 심리학을 잘 모르는 사람은 책 제목에 끌릴 수도 있겠지만, 심리학자 입장에서는 제목 자체만으로도 말하고자 하는 바가 명확하게 보였다.

'칭찬을 잘 사용하면 고래도 조종할 수 있다는 내용이겠지. 아니 왜 고래를 수족관에서 춤추게 해? 고래는 바다로 나가서 자기 하고 싶은 대로 살아야 하잖아!'

이런 마음을 달래 가면서 결국 읽고야 말았다. 책을 제대로 읽어 보지도 않고 단지 느낌만으로 섣부르게 판단하는 실수를 범하고 싶지 않았다. 책은 두껍지 않았고 글도 술술 읽혔다. 심리학 이론을 설명하는 방식이 아니라 스토리텔링 방식이었다. 이야기 속 주인공의 경험을 중심으로 칭찬이 얼마나 위력적인지 나름 잘 전달하고 있었다.

한 기업의 중역인 웨스는 회사에서도 가정에서도 인간관계에 대한 고민에 빠졌다. 사람들과 잘 지내고 싶고 업무도 잘하고 싶지만 마음만큼 잘 되지 않았기 때문이다. 그러던 어느 날 플로리다에 출장을 가게 되었고, 그곳에서 범고래쇼를 관람하게 되었다. 무려 3톤이 넘는 범고래가 조련사의 지시에 따라

이리 뛰고 저리 뛰면서 춤추는 듯한 모습을 보고 웨스는 적지 않게 놀랐다. 도대체 어떻게 이런 일이 있을 수 있단 말인가?

궁금증을 해결하기 위해 웨스는 쇼가 끝난 후에 범고래 조련사 데이브를 찾아간다. 데이브의 대답은 간단명료했다. 범고래의 행동 중에서 춤을 추는 데 필요한 행동에만 주의를 기울인다고 했다. 그 행동이 나올 때 먹이를 주고, 다른 행동을 보이거나 실수할 때는 벌을 주는 것이 아니라 단지 관심을 갖지 않으면 된다고 했다. 그러면 자연스럽게 그 행동은 사라진다면서 말이다.

회사에서도 가정에서도 인간관계에 대한 고민이 많았던 웨스는 이 원리를 인간관계에도 적용할 수 있을지 궁금했다. 데이브는 웨스에게 자신보다 실질적인 도움을 줄 수 있을 거라면서 자신의 친구이자 컨설턴트인 앤 마리를 소개시켜 주었다. 웨스는 앤 마리의 강연을 듣게 되었다.

앤 마리는 강연에서 청중에게 '고래 반응'과 '뒤통수치기 반응'을 비교하면서 칭찬의 힘에 대해서 말한다. 앤 마리가 말하는 '고래 반응'이란 사람들이 잘하는 행동을 알아차리고 칭찬해 주는 것이고, 이와 반대되는 '뒤통수치기 반응'이란 사람들이 잘 못하는 것을 잡아내는 것이다. 바다를 자기 마음대로 헤엄치는 고래가 어떻게 조련사의 지시에 따라 춤을 추는지 설명하면서, 직장과 가정에서 칭찬을 통해 동기를 부여하고 인간관계를 좋게 만들 수 있다고 강조한다.

강연이 끝나고 웨스는 앤 마리와의 개인적인 만남을 통해 자신의 고민을 털어놓고 그에 대한 구체적인 조언을 구했다. 이후 웨스는 가족과 함께한 플로리다 여행에서 칭찬을 통해 그동안 힘들었던 가족과의 관계, 직장 동료들과의 관계를 회복할 수 있었다.

'혹시나' 하는 마음에 첫 장을 폈지만, 마지막 장을 덮을 때의 소감은 '역시나'였다. 처음에 예상한 내용 그대로였기 때문이다.

책의 원래 제목은 《Whale Done! : The Power of Positive Relationships》이다. 'Whale Done'이라는 표현은 누군가 일을 잘 해냈을 때 쓰는 'Well Done'을 응용하여 만든 것이다. 그래서 원제는 '고래도 해냈다 : 긍정적 관계의 힘' 정도로 직역할 수 있다.

저자는 칭찬을 사용해서 고래도 춤추게 할 수 있으니 가정과 직장에서도 칭찬을 사용하라고 권한다. 상대방에게 관심도 갖지 않다가 못했을 때 욕을 한 바가지 해 주는 '뒤통수치기 반응'보다는 잘했을 때 칭찬해 주는 '고래 반응'이 더 낫다고 한다. 당연한 소리다. 책에 나온 칭찬 10계명도 모두 좋은 말이다. 그런데도 이 책이 불편한 이유는 칭찬으로 상대를 조종할 수 있다는 뉘앙스 때문이다.

실제로 책의 소제목 중에는 '칭찬은 결코 배신하지 않는다'가 있다. 과연 그럴까? 칭찬은 언제나 좋은 방향으로 우리를 이끌어 줄까? 잘한다고 칭찬할수록 더 잘하게 될까? 아니다. 칭찬은 그렇게 단순하고 명쾌하게 한 가지 결과만을 가져다주지 않는다. 긍정적인 효과도 분명히 있지만, 역효과도 존재한다. 즉 칭찬할수록 더 잘하기도 하나, 칭찬할수록 오히려 상대방을 망칠 수도 있다.

'칭찬'은
또 하나의 '먹이'다

───

  칭찬의 역효과를 이야기하기 전에 칭찬의 효과부터 알
아보자.

  칭찬이 행동에 미치는 영향을 제대로 이해하려면 행동주
의Behaviorism 학파를 알아야 한다. 행동주의는 심리학이 눈에
보이지 않는 마음이 아닌, 눈에 보이는 행동만을 연구해야 한
다고 주장했다. 눈에 보이지 않는 마음을 연구 대상으로 삼으
면 물리적 증거를 얻기 어렵기에 심리학은 철학과 다를 바가
없다는 것이다. 마치 자연과학자들이 실체가 있는 물질만을
연구하는 것처럼 심리학도 실체가 있는 행동만을 연구하자고
주장했다.

행동주의 심리학자들은 인간과 동물처럼 살아 있는 생명체는 끊임없이 외부 환경과의 상호작용을 통해 어떤 행동을 더 많이 하기도, 덜 하기도 한다는 사실을 발견했다. 예를 들어, 상자 안에 있는 쥐가 우연히 레버를 눌렀는데 잠시 후 먹이통으로 먹이가 나왔다면, 이후에 레버 누르는 행동을 할 가능성이 높아진다. 물론 단 한 번의 경험으로는 어렵겠지만, 시행착오와 반복 경험을 하면서 누르는 행동과 먹이가 떨어지는 것의 연관성을 학습한다. 이런 원리를 이용한 것이 범고래쇼다.

이는 동물에만 해당하는 이야기가 아니다. 서너 살 아기들에게도 핸드폰을 주면 오래지 않아 사용법을 익힌다. 아이들이 핸드폰 작동법을 스스로 익히는 것은 기억과 추론 등 인지능력이 탁월해서라기보다는 반복 학습의 결과다. 즉, 어떤 버튼을 눌렀을 때 화면이 켜지거나 꺼지는 등 특정 기능이 작동되면, 시행착오와 반복 경험을 통해 해당 버튼의 조작 행동과 기능의 연관성을 학습하는 것이다. 어린이만 그런가? 어른도 그렇다. 새로운 기계나 제품을 구입했을 때 굳이 매뉴얼을 보고 열심히 공부하지 않더라도, 시행착오와 반복 경험을 통해 그 기능과 작동법을 학습한다.

유기체의 행동	외부의 자극
쥐가 레버를 누르는 행동	먹이
범고래가 점프하는 행동	먹이
핸드폰의 버튼을 누르는 행동	화면의 켜짐 / 꺼짐

　행동주의에서는 유기체가 자신의 행동과 외부 자극의 연관성을 학습하는 현상을 연합Association 이라고 부른다. 그리고 외부 자극이 유기체의 행동을 증가시켰다면, 이 자극을 강화물Reinforcer 이라고 명명한다. 행동과 자극의 연합을 강화했기(강하게 만들었기) 때문에 붙은 이름이다. 강화물은 1차 강화물과 2차 강화물, 그리고 사회적 강화물로 구분한다.

　1차 강화물은 별도의 경험이나 학습이 필요하지 않으며, 음식, 물, 부드러운 감촉처럼 오감을 자극한다. 사람과 동물은 물론, 나이와 성별, 시대와 인종 구별 없이 적용할 수 있다. 앞에서 이야기한 것처럼 쥐가 레버를 누르는 행동이나 범고래가 점프하는 행동을 강화하는 먹이, 핸드폰의 버튼을 누르는 행동을 강화하는 화면의 켜짐/꺼짐은 1차 강화물이다.

　2차 강화물은 경험을 통해서 그 가치를 학습한 자극이다. 처음에는 강화물로서 역할하지 못했지만, 이후의 경험을 통해 강화물이 된 것을 말한다. 대표적으로 돈이다.

이제 걸음마를 하는 생후 1년 정도 된 아기에게 웃을 때마다 사탕을 줘 보라. 그러면 아기는 사탕을 얼른 입에 넣을 것이다. 그리고 이후에도 웃을 가능성이 높아진다. 이때 사탕은 1차 강화물이다. 그러나 웃을 때마다 돈을 줘 보라. 아기는 돈을 잠시 받았다가 이내 신경 쓰지 않을 것이다. 어른이야 돈을 좋아하지만, 아기에게는 그저 종잇조각에 불과하다. 그러니 웃을 때마다 돈을 준다고 아기가 웃을 가능성은 높아지지 않는다. 그러나 시간이 지나 돈으로 사탕을 사 먹을 수 있는 경험을 해서 돈의 가치를 학습한 아이에게 웃을 때마다 돈을 주면 자지러지게 웃어 줄 것이다.

직장인의 근무 행동을 강화시키는 돈, 학생의 공부 행동을 강화시키는 성적은 2차 강화물이다. 이외에도 장난감, 메달과 상장 같은 각종 상도 모두 2차 강화물이다.

사회적 강화물은 사람으로부터 얻는 반응으로, 주로 심리적인 것이다. 칭찬, 애정과 인정, 친밀감, 사랑 등 사람으로부터 얻을 수 있는 것이 특정 행동을 증가시킨다면 사회적 강화물이 되는 셈이다.

그렇다면 《칭찬은 고래도 춤추게 한다》처럼 회사 동료나 가족을 비롯해 주변 사람들이 바람직한 행동을 했을 때 칭찬이라는 사회적 강화물을 제공한다면, 상대의 그 행동은 증가할 것이니 칭찬은 완벽한 방법이 아닌가 생각할 수 있다. 일부 심리학자 중에도 이렇게 생각하는 경우가 종종 있다. 하지만 이는 행동주의를 제대로 이해하지 못한 것이다.

칭찬은
처벌이 될 수도 있다

───

　　행동주의 심리학자들은 엄밀히 말하면 먹이나 돈, 칭찬 같은 것을 강화물로 규정지을 수 없다고 주장한다. 그 이유는 어떤 자극이 강화물인지 알기 위해서는 그 자극이 결과적으로 특정 행동을 증가시키는지 확인해야 하기 때문이다.

　　실제로 어떤 자극이 경우에 따라서 특정 행동에 아무런 영향을 미치지 못할 수도 있고 때로는 오히려 행동을 감소시킬 수도 있다. 이때는 이 자극을 강화물이라고 할 수 없다. 중요한 것은 자극의 속성이 아니라 자극을 주었을 때 행동이 증가하는가 혹은 감소하는가이다. 예를 들어, 한 고등학생이 등굣길에 떨어져 있는 휴지를 1주일에 평균 5번 줍는다고 하자. 이 학생을 유심히 지켜보고 있던 선생님이 칭찬했다.

"너 착한 학생이구나. 길에 떨어진 휴지를 줍다니. 잘했어!"

이후에도 선생님은 학생에게 칭찬을 여러 번 했다. 이 학생이 칭찬을 받으면서 이후에 휴지를 줍는 행동이 1주일에 평균 6번 이상으로 증가한다면 칭찬은 강화물이다. 칭찬은 학생도 휴지를 줍게 한다!

그런데 만약 칭찬을 받았는데도 휴지 줍는 행동이 늘지 않았다면 칭찬은 강화물이라고 할 수 없다. 더구나 칭찬을 받은 후에 오히려 휴지 줍는 행동이 1주일에 평균 4회 이하로 줄었다면? 이럴 경우, 칭찬은 강화물의 반대인 처벌Punishment 이라고 할 수 있다.

처벌? 처벌이라고 하면 많은 이들이 체벌을 생각하는데, 이 둘은 다르다. 체벌은 매를 통해 신체적 고통을 가하는 것이지만, 행동주의에서 말하는 처벌은 행동의 빈도를 감소시키는 자극을 의미한다.

칭찬이 강화물이 아니라 처벌로 작용할 수 있다는 말이 잘 와 닿지 않을 수도 있다. 칭찬은 누구에게나 좋은 것이라 생각하기 때문이다. 그런데 경우에 따라 칭찬은 때로 불쾌하거나 부정적으로 받아들일 수 있다. 학생이 선생님을 너무 싫어한다면 충분히 그럴 수 있다. 자신이 휴지를 주울 때마다 싫어하는 선생님이 달려와서 칭찬을 한다면, 그 학생은 아마 이런 생각을 할 것이다.

'아니 자기가 뭐라고 나한테 칭찬을 해? 기분 나빠. 내가 휴지 줍는지 계속 관찰하고 있었다는 거네? 아, 정말 싫다.'

물론 학생이 정확하게 어떤 생각을 하는지는 알 수 없다. 행동주의 입장에서는 어차피 눈에 보이는 행동만을 중요시하기 때문에 무슨 생각을 했는지 상관이 없다. 칭찬을 했을 때 행동이 감소했다면, 칭찬은 처벌이다.

웃음이나 미소도 경우에 따라 강화물이 될 수도, 처벌이 될 수도 있다. 분명 대부분의 사람들에게 웃음과 미소는 사회적 강화물로 작용한다. 예를 들어, 친구에게 농담을 던졌을 때 친구가 웃었다고 하자. 그래서 이후에 농담을 더 많이 하게 되었다면, 친구의 웃음은 사회적 강화물이다. 그런데 어느 날 이 친구가 다른 사람에게 이렇게 말하는 것을 들었다.

"걔 있잖아, 자기가 엄청 재미있는 줄 알아. 처음에 어이가 없었지만 걔가 민망할 것 같아서 웃어 줬더니 계속 농담을 해. 웃기지도 않고 재미도 없는 농담을. 아, 짜증나."

이런 경험을 하면 친구가 웃을수록 농담을 안 하게 된다. 농담뿐이겠는가? 말수도 줄어들게 된다. 만약 이와 비슷한 경험을 반복적으로 한다면 어떤 일이 벌어질까? 사람들 앞에서 말을 점점 하지 않게 될 것이다. 이 경우 타인의 웃음과 미소는 처벌이다.

강화물인 줄 알았는데 처벌로 작용하는 경우도 있지만, 이와 반대로 처벌이라고 생각했는데 강화물로 작용하는 경우도 있다. 대표적으로 비난과 쓴소리, 질책, 충고 등 잔소리가 그렇다. 많은 이들에게는 비난과 쓴소리는 처벌로 작용하겠지만, 어떤 이들에게는 강화물로 작용한다.

결국 중요한 것은 자극의 속성이 아니라 자극의 결과인 셈이다. 즉, 좋은 것을 주더라도 결과적으로 행동이 줄어드는 처벌로 작용할 수 있고, 나쁜 것을 주더라도 행동이 증가하는 강화로 작용할 수 있다. 그래서 행동주의자들은 보상Reward 이라는 말을 사용하지 않는다. 보상이란 자극 자체의 속성을 강조한 표현이기 때문이다.

이처럼 칭찬은 상대의 긍정적 행동을 강화시키는 만병통치약이 아니다. '칭찬은 결코 배신하지 않는다'고 단언할 수 없다. 경우에 따라서는 칭찬할수록 긍정적 행동이 줄어들 수도 있다. 칭찬을 사용했을 때 긍정적 행동이 증가한다면 강화물로 작용하는 것이 확실하니 더 많이 사용해야 하겠지만, 의도와 다르게 긍정적 행동이 감소한다면 처벌로 작용하는 것이 드러났으니 멈춰야 한다. 칭찬은 의도와 다르게 역효과를 초래할 수 있다.

칭찬할수록
성적이 떨어지는 이유

—

"똑똑하구나. 머리가 아주 좋네!"

"동생을 도와주었구나. 넌 착한 아이야."

"이번에 1등을 했네? 잘했다."

"역시 넌 뭘 해도 늘 잘하는구나. 자랑스럽다."

"오늘 아주 멋있었어. 최고야."

우리가 일상에서 자주 하고 듣는 칭찬 표현이다. 이런 칭찬을 들으면 더 잘해야 하는데, 오히려 더 못하게 되는 칭찬의 역효과가 나타나기도 한다. 그 이유는 세 가지다.

첫째, 칭찬을 받을수록 평가에 대한 불안이 커지기 때문이다.

둘째, 흥미와 열의가 떨어지기 때문이다.

셋째, 칭찬은 결과 중심이기 때문이다.

◇ "다음에는 못하면 어쩌지?"

먼저 평가 불안에 대해 살펴보자.

칭찬은 상대의 행동이 잘했다거나 좋다는 평가를 전제로 한다. 평가는 기준이 있다. 어떤 기준일까? 시간과 공간을 초월하는 절대적 기준이 아니라, 같은 시간 같은 공간에 있는 또래나 주변 사람들보다 뛰어나다는 상대적 기준이다. 남들보다 뛰어나서 칭찬과 인정을 받으면 당장에는 좋을지 모른다. 하지만 다음에도 칭찬과 인정을 받으려면 계속 잘해야 한다. 계속 남들보다 뛰어나야 한다는 압박을 받는다. 어떤 이들은 이런 압박을 즐기기도 하지만, 많은 경우는 스트레스를 받는다. 자신이 좋은 평가를 받지 못할 가능성을 따져 보면서 계속 평가 불안에 시달린다.

대표적인 경우가 공부를 잘하는 학생이다. 공부를 잘한다는 것은 대체로 또래들보다 성적이 뛰어나다는 것을 의미한다. 자기 혼자 열심히 하면 될 일이 아니다. 남들보다 더 잘해야 좋은 성적을 받을 수 있다. 그런데 누구나 공부를 잘하고 싶어 하고, 많은 학생들이 좋은 성적을 받기 위해서 열심히 공부한다.

내가 아무리 열심히 해도 다른 학생이 더 잘하면 좋은 성적을 기대할 수 없다. 그래서 공부를 잘하는 학생일수록 안심하지 못하고 평가 불안에 시달린다. 이런 평가 불안은 오히려 공부에 방해가 된다. 의욕을 떨어뜨릴 뿐만 아니라 편안한 마음으로 공부에 집중하기 어렵게 만든다.

칭찬이라고 다를까? 열심히 노력해서 칭찬을 받았다면 다음에도 계속 이 정도로 노력해야 한다고 생각하기에 부담이 된다. 자신에게 있는 좋은 모습 때문에 칭찬을 받았다면, 안 좋게 평가할 것 같은 안 좋은 모습은 숨기게 된다. 칭찬, 즉 좋은 평가를 받고 싶기에 불안이 더 커진다. 또한 언제든지 자신보다 더 좋은 평가를 받고 칭찬받는 사람이 나타날 수 있다는 가능성도 불안을 증폭시킨다. 비록 지금은 경쟁자가 없을 정도로 탁월할지라도 언젠가는 그 자리에서 내려와야 한다는 생각 때문에 불안하다. 이처럼 칭찬은 평가 불안을 유발한다. 그리고 불안이 심해지면 수행력이 떨어진다.

◇ **"받는 것도 없는데 뭐 하러 해?"**

두 번째 이유는 동기에 관한 것이다.

동기란 어떤 행동을 하게 만드는 힘이다. 범고래가 관객을 위해서 열심히 춤을 추는 이유는 조련사가 주는 먹이 때문이다. 먹이는 범고래가 춤을 추도록 하는 동기가 된다. 직장인이 회사에서 일을 하는 이유는 회사가 주는 월급 때문이다. 월급이 직장 생활의 동기가 되는 것이다. 학생이 선생님께 칭찬을 듣기 위해서 청소를 열심히 한다면, 칭찬이 청소의 동기가 된다. 이처럼 동기가 외부에서 주어질 때 외적 동기Extrinsic Motivation라고 한다. 행동주의에서는 이것을 강화물이라고 했다.

모든 동기가 외부에서 주어지는 것은 아니다. 내면에서 시작되는 것도 있다. 아이들이 계속 놀이를 지속하는 이유는 놀이가 즐겁기 때문이다. 즐거움이 놀이의 동기다. 사람들이 장편소설을 읽는 이유도 소설이 주는 흥분과 설렘이 있기 때문이다. 흥분과 설렘이 소설을 읽게 하는 동기다. 미지의 세계를 정복하기 위해 목숨이 위험한 상황도 마다하지 않는 이유는 호기심 때문이다. 호기심이 도전의 동기다. 내가 십 년 넘게 꾸준히 책을 쓰려고 하는 것은 인세가 아닌 성취감 때문이다. 이렇게 동기가 내면에서, 마음에서 나올 때 이를 내적 동기Intrinsic Motivation라고 한다.

동기는 이처럼 두 가지로 구분할 수 있는데, 흥미롭게도 이 두 종류의 동기는 서로 영향을 주고받기도 한다. 어떤 행동이든 두 가지 동기의 영향을 모두 받을 수 있는데, 문제는 이 경우 내적 동기가 약해지는 현상이 나타난다는 것이다.

스탠포드 대학교의 심리학과 교수인 마크 레퍼Mark Lepper는 유치원 아이들을 대상으로 하여 동기에 관한 심리학 실험을 진행했다.

우선 아이들에게 사인펜으로 그림을 그리게 했다. 이때 첫 번째 집단의 아이들에게는 그림을 그리면 '훌륭한 놀이 상'을 주겠다고 약속을 했고 실제로 그림을 그린 아이들에게 상을 주었다. 두 번째 집단의 아이들에게는 아무런 예고 없이 그림을 그린 후 갑자기 상을 주었으며, 세 번째 집단의 아이들에게는 아무런 상도 주지 않았다.

이런 절차가 끝나고 2주가 지난 후 심리학자들은 다시 유치원을 방문했다. 그리고 아이들의 눈에 띄지 않도록 자리를 잡고 자유 놀이 시간에 무엇을 하고 노는지 관찰했다. 아이들은 무엇이든 원하는 놀이를 할 수 있었고, 물론 실험에서 했던 것처럼 사인펜으로 그림을 그릴 수도 있었다. 세 집단 중 어느 집단의 아이들이 자유 놀이 시간에 그림을 더 많이 그렸을까?

대체로 어떤 활동을 할 때 약속한 보상을 주면 그 활동을 더욱 좋아하게 될 것이라고 생각하기에 세 집단 중에서 첫 번째 집단을 꼽을 것이다. 그런데 결과는 정반대였다. 첫 번째 집단(9%)보다는 두 번째(17%)와 세 번째 집단(18%)에서 그림을 그리는 아이들이 더 많았다.

모든 아이들이 그런 것은 아니겠지만, 분명히 그리기를 좋아하는(내적 동기) 아이들이 있다. 이들은 누가 시키지 않아도 스스로 그림을 그린다. 세 번째 집단을 기준으로 살펴본다면, 18% 정도라고 추측할 수 있다. 따라서 첫 번째 집단도 그림의 대가를 약속하지 않고 실제로 대가를 주지 않았더라면 이 정도의 아이들이 2주 후에도 그림을 그렸을 것이다.

그러나 첫 번째 집단의 아이들은 그림을 그리기 전에 대가를 약속받았고 실제로 그림을 그린 후 약속한 상(외적 동기)을 받았다. 이때는 상을 준다는 이야기에 신나게 그림을 그렸을 것이다. 하지만 2주가 지나서 누구도 상을 주겠다는 사람이 없는 자유 시간이 되자 자발적으로 그림을 그리는 아이들이 평균에 비해 반이나 줄었다.

이 실험에서 정작 흥미로운 것은 두 번째 집단의 아이들의 행동이다. 두 번째 집단의 아이들에게는 약속하지도 않았던 상을 갑자기 주었다. 그리고 2주 후 자유 시간에 그림을 선택한 아이들의 비율은 세 번째 집단과 비슷했다.

왜 이런 일이 일어날까? 사람은 누구나 자신의 행동에 대해 원인을 찾으려고 한다. 자신의 행동을 설명하고 이해하고 싶어 한다. 그림을 그렸을 때 왜 그렸는지를 되짚어 본다. 이때 첫 번째 집단의 아이들은 처음부터 '상을 준다니까 그림을 그렸다'고 생각했다. 행동의 동기가 외부에서 제공된 것이다. 그러나 두 번째 집단과 세 번째 집단의 아이들은 외적 동기가 없었다. 그래서 이 아이들은 행동의 원인을 내부에서 찾고 '그림 그리는 것이 재미있다', '나는 그림 그리는 것을 좋아한다'고 해석했다.

두 번째 집단처럼 갑작스럽게 준 상은 아이들의 내적 동기를 훼손하지 않았다. 그렇다고 행동을 증가시키는 강화물로 작용하지도 않았다. 보상을 그림 그리는 행동과 연결시키지 못한 셈이다. 두 번째 집단도 이런 경험을 반복적으로 해서 보상과 그림 그리는 행동을 연결시킨다면 첫 번째 집단 수준으로 비율이 떨어질 것이다.

이 실험의 첫 번째 집단에서 알 수 있듯이, 외적 동기와 내적 동기가 함께 존재할 때 내적 동기는 외적 동기 때문에 손상된다. 칭찬은 어떨까? 칭찬도 외부에서 주어지는 것이기에 외적 동기다. 누군가 잘했을 때 예상치 못한 칭찬을 하면 이 실험의 두 번째 집단처럼 내적 동기를 손상시키지는 않을 것이다. 하지만 반복 경험을 통해서 자신의 행동의 원인을 칭찬에서 찾는다면, 그저 좋아서 한다고 생각하지 않게 될 것이다.

스스로가 좋아서 하는 것이 아니라 칭찬을 받기 위해서 한다면 단기적으로는 열심히 할지는 몰라도 결국에는 더 못하게 될 수 있다. 칭찬을 목적으로 열심히 했다면 아무도 칭찬을 해 주지 않는 상황에서는 열심히 할 동기를 잃게 되는 것이다. 칭찬으로 인해 내적 동기가 손상된 탓이다.

◇ **"지금까지 헛수고한 건가?"**

칭찬의 역효과가 일어나는 세 번째 이유는 대부분의 칭찬이 결과 지향적이기 때문이다.

초등학교 4학년 때 이런 칭찬 때문에 속상했던 경험이 있다. 추석 명절을 보내기 위해 전날 큰집에 가서 사촌형과 놀고 있었다. 이때 큰어머니가 우리를 불러 명절 음식을 준비하는 데 필요하니 가게에 가서 식재료를 사오라고 말씀하셨다. 나와 사촌형은 함께 가게에 가서 큰어머니가 알려 준 식재료를 장바구니에 담고 계산을 마쳤다.

형은 내가 어리다는 이유로 장바구니를 들게 했다. 초등학생에게 장바구니는 꽤 무거웠다. 형은 나보다 키가 훨씬 컸고 힘도 센 편이었지만, 나는 동생이니까 당연히 해야 한다고 생각했다. 큰집이 가까울수록 조금 더 힘을 냈다. 큰어머니께 칭찬받을 생각을 하니 기분까지 좋아졌다. 당시 큰어머니는 조카들에게 칭찬을 곧잘 해 주셨는데, 큰어머니의 칭찬은 어린 나에게 매우 힘이 되었다. 그런데 큰집 앞에 왔을 때, 갑자기 형이 이렇게 말했다.

"현식아, 무겁지? 이제부터는 내가 들고 갈게."

갑자기 나를 배려하는 형의 태도에 잠시 어리둥절했다. 형은 평소에도 친절하거나 주변 사람을 배려해 주는 성격이 아니었다. 웃기고 재미있기는 했지만 장난을 심하게 치고 동생들을 주로 괴롭히는 사람이었다. 그래서 형이 장바구니를 들라고 했을 때 대꾸하지 않고 따랐던 것이다. 그런 형이 갑자기 자기가 장바구니를 들겠다니! 형의 속셈을 알아차리기에는 너무 어렸다. 마침 장바구니가 무겁기도 해서 여하튼 고마운 마음까지 들었다.

형은 내게서 장바구니를 받아들고 집으로 들어가서 큰어머니에게 내밀었다. 그런데 큰어머니는 무거운 장바구니를 들고 왔다며 형을 칭찬하는 것이 아닌가!

"무거운 장바구니를 들고 오느라 힘들었지? 역시 형은 형이구나. 기특하다."

그때 깨달았다. 형의 속셈이 무엇이었는지를. 나는 억울했다. 당장이라도 형의 만행을 고자질하고 싶었지만, 칭찬을 받은 형은 기분 좋은 얼굴로 나를 쳐다보았다. 내 얼굴 표정이 좋지 않다는 것을 안 형은 나를 데리고 얼른 밖으로 나왔다. 나는 얼마나 억울했는지 30년이 훨씬 지난 지금도 이 일이 아주 생생하게 기억에 남아 있다.

칭찬은 늘 이런 식이다. 과정보다는 결과에 초점을 맞춘다. 제 아무리 열심히 공부를 하고 준비를 했더라도 성적이 좋지 못하면 칭찬받기 어렵다. 평소에는 열심히 공부하지 않았더라도 결과만 좋으면 주변에서 칭찬이 쏟아진다. 결과와 성과 지향은 자연스럽게 과정을 무시하게 만든다. 어떤 방법을 사용하든 결과가 좋으면 그만이라는 태도는 부정행위나 불법, 편법을 초래한다.

아이들은 어른의 칭찬을 듣기 위해서 거짓말을 하고 친구를 속이거나 곤란하게 만든다. 어쨌든 눈에 보이는 결과가 좋아야만 칭찬을 해 준다는 사실을 알고 있기 때문이다. 이것은 비단 아이들에만 해당되는 것이 아니다. 결과 지향적인 사회에서는 부정부패가 끊이지 않는다. 이런 경향은 진짜 실력을 외면하게 만들고 꼼수에 능한 사람이 되도록 한다. 이 때문에 칭찬은 기대와 달리 역효과를 초래한다.

결과 칭찬에서
과정 칭찬으로

—

《칭찬은 고래도 춤추게 한다》에서 마음에 든 메시지가 딱 하나 있었다. 그것은 '결과보다는 과정을 칭찬하라'이다.

사실 고래를 춤추게 하는 원리는 과정이 아니라 결과를 칭찬하는 것이다. 즉, 고래가 아무리 과정을 충실히 이행했더라도 조련사가 원하는 결과를 만들어 내지 못하면 먹이는 주어지지 않는다. 과정이야 어떻든 조련사가 원하는 결과를 만들어 낸다면 먹이가 주어진다. 그래서 고래는 먹이를 위해 억지로라도 춤을 춘다. 그런데 갑자기 과정을 칭찬하라니!

과정을 칭찬하라는 말은 전체 맥락과 분명히 다르다. 그래서 이 표현을 접했을 때 조금 당황스러웠지만, 반가운 마음도 들었다. 왜냐하면 결과가 아닌 과정을 칭찬하는 것은 칭찬의 역효과에 빠지지 않을 수 있는 방법이기 때문이다.

그렇다면 과정을 칭찬하라는 말은 무슨 뜻일까? 그리고 구체적으로 무엇을 어떻게 칭찬해야 할까? 나는 아버지를 통해 결과보다는 과정을 칭찬하는 것이 얼마나 중요한 일인지 알게 되었다.

◇ **점수보다 최선!**

초등학교 입학 후 처음으로 통지표를 받은 날이었다. 통지표에는 학교에서 치른 시험의 등수와 등급(수우미양가), 그리고 담임선생님의 지도 사항이 적혀 있었다. 집에 돌아와서 어머니에게 통지표를 보여 드렸더니 잘했다거나 못했다는 말도 없이 이렇게만 말씀하셨다.

"저녁에 아버지가 오시면 보여 드리자"

그때부터 나는 왠지 모를 불안감에 휩싸였다. 통지표를 보시고 아버지가 뭐라고 하실지 감이 오지 않았기 때문이다. 어머니가 칭찬이나 꾸중을 하셨다면 아버지의 반응도 예상할 수 있었을 텐데, 어머니는 어떤 반응도 해 주지 않으셨다.

저녁에 아버지가 들어오셨다. 저녁 식사를 마친 후 어머니는 내 통지표를 아버지께 보여 주셨다. 나는 긴장한 채 아버지 앞에 앉아 있었다. 통지표를 훑어보신 후 아버지는 나에게 물으셨다.

"현식아, 한 학기 동안 최선을 다했니?"

전혀 예상하지 못한 질문이었다. 아버지가 그저 "잘했다"거나 "못했다"라는 평가를 내리실 줄 알았다. 아버지의 질문이 너무 생소해서 어떻게 대답해야 할지 감이 안 잡혔다. 최선이 무엇인지도 정확히 알지 못했기 때문이다. 그래도 질문에 대답은 해야겠기에 잠시 생각해 보았다. 그런데 왠지 최선을 다하지 못했다는 생각이 들었다.

"아니요. 최선을 다하지는 못한 것 같아요."
"나는 네가 어떤 일이든 최선을 다하는 사람이 되기를 바란다. 만약 네가 반에서 꼴등을 했더라도 네가 최선을 다했다면 너는 칭찬받아야 한다. 그런데 네가 1등을 했더라도 네가 최선을 다하지 않았다면 너는 혼나야 한다. 결과보다는 과정이 중요하단다. 알았지? 꼭 기억해라."

당시에는 아버지의 말씀을 정확히 이해할 수 없었지만 뭔가 내가 생각하던 것과는 다르다는 느낌을 받았다. 그 이후로 아버지는 내 통지표를 보실 때마다 늘 같은 질문을 하셨다. 최선을 다했느냐는 질문은 곧 내면화되었다. 나 스스로에게 던지는 질문이 되었단 뜻이다. 그래서 언제나 최선을 다하려고 했다. 나에게 중요한 것은 최선을 다했는가 여부지, 성적이나 결과 혹은 타인의 인정이나 평가가 아니었다.

부모님은 한 번도 성적 때문에 혼낸 적이 없으셨다. 고등학생 때 방황하느라 공부에 손을 놓아서 성적이 곤두박질칠 때도 부모님은 묵묵히 기다려 주셨다. 덕분에 나는 눈에 보이는 당장의 결과보다는 그 결과를 얻기까지의 과정이 중요하다는 사실을 뼈저리게 느꼈다.

작가로서 책을 내거나 심리학자로서 강의를 할 때, 또 가정에서 아빠와 남편 노릇을 할 때를 비롯해 어떤 일을 하든지 나 스스로에게 되묻는다. 최선을 다하고 있는지.

작가로서 최선을 다해서 책을 쓰려고 한다. 최선을 다해서 쓴 책이 많이 팔려서 베스트셀러가 된다면 더할 나위 없이 좋겠지만, 베스트셀러가 되지 않더라도 최선을 다해서 나 스스로에게 떳떳하다면 만족한다.

강의도 마찬가지다. 강의 평가가 좋으면 좋겠지만, 이보다는

내가 강의 준비에 최선을 다했는지, 그리고 실제 강의를 할 때
도 최선을 다했는지가 중요하다.

두 아들의 아빠로서 부족한 점도 많고, 아내의 남편으로서
잘못하는 점도 있을 것이다. 그러나 매 순간 내가 할 수 있는
만큼 두 아들과 아내에게 최선을 다했다면 만족하기로 했다.

◇ **결과 칭찬 vs 과정 칭찬**

결과는 나만 노력한다고 해서 얻을 수 있는 것이 아니다. 남
들과 비교해서 잘해야 하고, 또 운도 따라야 한다. 그런데 과정
은 다르다. 내가 최선을 다한다면 충분하다. 결과를 중시하는
사람과 과정을 중시하는 사람 중 누가 더 잘하게 될 것인지 묻
는다면, 나는 주저 없이 후자를 꼽겠다.

이런 면에서 상대방이 잘했을 때 더 잘할 수 있도록 칭찬하
고 싶다면, 결과보다는 과정에 대해 칭찬하는 것이 좋다. 결과
가 아닌 과정을 칭찬하기 위해서는 상대방에게 더 많은 관심
을 가져야 한다. 결과는 눈에 드러나지만 과정은 그렇지 않다.
결과는 잠깐이면 확인할 수 있지만, 과정은 오랫동안 지켜봐야
한다. 다음을 비교해 보면 결과 칭찬과 과정 칭찬을 구분할 수
있을 것이다.

결과 칭찬	과정 칭찬
"1등 했구나. 최고가 되었네. 잘했다."	"최선을 다했다고? 잘했다."
"머리가 똑똑하구나. 대단하네!"	"열심히 하려고 했구나. 수고했어."
"능력이 탁월하네. 멋진걸."	"정말 노력했구나. 대견하다."
"남들보다 월등하던데. 훌륭해."	"지난번보다 더 좋았어. 애썼어."

결과 칭찬이 최고를 기대한다면, 과정 칭찬은 최선을 기대한다. 결과 칭찬이 타고난 능력에 대한 칭찬이라면, 과정 칭찬은 누구나 할 수 있는 노력에 대한 칭찬이다. 결과 칭찬이 타인과의 비교를 통해서 가능한 것이라면, 과정 칭찬은 자기 자신과의 비교를 통해서 가능한 것이다. 결과 칭찬이 끊임없이 타인의 시선과 평가에 전전긍긍하게 만든다면, 과정 칭찬은 자신만의 기준을 갖고 당당히 살도록 만든다. 결과 칭찬이 상대를 조종하기 위한 것이라면, 과정 칭찬은 상대를 행복하게 살도록 도와주는 것이다.

직장에서는 어쩔 수 없이 평가하고 비교해서 성과를 내야 한다. 학교에서도 불가피하게 선생님은 학생을 통제하고 좋은 성적을 내도록 유도해야 한다. 그래서 직장에는 성과급 제도가 있고, 학교 선생님은 칭찬 스티커를 붙여 주신다. 하지만 이런 상황에서도 결과보다는 과정을 칭찬하고 인정해 주면 어떨까? 나의 실수와 실패를 알고 있음에도 최선을 다했다는 사실에 주목해 준다면, 그 누구라도 감동받을 것이다. 당연히 최선을 다하게 될 것이고, 결국에는 성과도 더 좋아질 것이다.

이런 면에서 회사나 학교에서도 결과보다는 과정을 칭찬하는 분위기가 만들어지면 좋겠다. 물론 당장 성과를 내야 하기에 어려울 수 있다. 그렇다면 우선 사랑하는 사람과의 관계에서부터 도전해 보자. 결과 칭찬이 아닌 과정 칭찬을.

이제 고래를
바다로 보내자

———

과정 칭찬은 칭찬의 역효과를 막을 수 있는 방법이라고
했다. 그러나 따지고 보면 과정 칭찬도 자신의 노력과 열심에
대해 타인에게 인정을 받는 것이다. 그래서 여전히 어떤 사람
에게는 타인의 인정을 받기 위해 노력하고 열심히 해야 한다는
압박감과 부담감으로 작용할 수 있다는 점에서 한계가 있다.
이 한계마저도 뛰어 넘을 수 있는 방법, 즉 과정 칭찬보다 더
좋은 방법이 있다. 무엇일까? 격려다.

격려의 의미는 영어로 보자면 '용기courage나 의욕이 그 안에
서en 솟아나도록 북돋워 주는 것'이고, 한자로 보자면 '물결이
부딪혀서 흐를 수 있도록激 힘써서 도와주는 것勵'이다. 한마

디로 정리하자면, 격려란 이미 상대방의 마음에 존재하는 용기의 물결이 그 안에서 솟아나고 마음껏 흐르도록 돕는 것이다.

칭찬이 조건적 애정이라면, 격려는 무조건적 애정이다. 칭찬을 받기 위해서는 결과가 좋아야 하거나 아니면 열심히 노력해야 한다. 이런 조건을 충족시켰을 때 칭찬해 준다. 하지만 격려는 상대방을 있는 모습 그대로 인정하고 사랑해 주는 것이다. 그래서 격려는 정말 자신이 원하는 것을 찾도록 하고, 자신의 기준에 따라 실행하도록 만든다.

칭찬은 고래로 하여금 억지로라도 춤을 추게 만들지만, 격려는 고래에게 그 선택권을 준다. 고래가 춤을 추고 싶다면 출 것이고, 날고 싶으면 날 것이다. 또 아무것도 하기 싫으면 안 해도 상관없다. 이런 면에서 칭찬은 상대를 위축시키지만, 격려는 힘이 나게 만든다. 격려는 자신의 삶을 살도록 한다는 면에서 우리 모두에게 필요하다.

2013년 7월 제주 김녕리 부근의 해상 가두리 그물이 걷혔다. 서울대공원에서 돌고래쇼를 하던 제돌이를 필두로 몇몇 돌고래들이 잠시 주춤하더니 넓은 바다로 쏜살같이 질주하기 시작했다. 어망에 걸린 돌고래는 원래 방사해야 하는데도 한 업체가 불법으로 어민들에게서 구입하여 돌고래쇼에 동원한 것이 적발되었다. 제돌이와 다른 돌고래들 역시 이 업체에서 구입한 것이 드러나면서 동물 보호 단체를 중심으로 돌고래를 바다로 돌려보내야 한다는 여론이 일었다. 결국 박원순 전 서울시장은 2012년 3월 돌고래를 방사하기로 결정했다. 그리고 적응 기간을 거쳐서 바다로 돌려보냈다.

이후로도 서울시는 지속적으로 서울대공원에서 쇼를 하던 돌고래를 방사하기 시작했고, 결국 2017년 7월 마지막 돌고래인 금등과 대포가 자연으로 돌아가면서 1984년부터 시작된 돌고래쇼가 역사 속으로 사라졌다.

이 사건을 보면서 통쾌했다. 너무 잘 되었다고 생각했다. 나역시 돌고래쇼를 본 적이 있다. 예상치 못한 돌고래의 움직임에 박수를 치고 탄성을 지르기도 했지만, 쇼가 끝나고 집으로 돌아오면서는 돌고래가 불쌍하게 느껴졌다. 인간의 욕심 때문에 바다에서 마음껏 헤엄쳐야 할 돌고래가 좁은 수족관에 갇혀 있으니 얼마나 답답할까 싶었다. 또 살아 있는 물고기가 아니라 죽은 물고기를 먹기 위해 원치도 않는 동작을 반복하는 것이 얼마나 미칠 노릇일까 싶었다.

이 모든 것이 칭찬 때문이다. 칭찬이 돌고래를 좁은 수족관에서 쇼를 하게 만든다면, 격려는 돌고래를 바다로 나아가게 한다. 격려하는 방법은 간단하다. 그저 사랑의 눈으로 지켜만 보면 된다. 만약 무슨 말을 하고 싶다면 이렇게 하면 된다.

"널 사랑해. 항상 너의 삶을 응원할게. 어떤 모습으로, 무엇을 하든지."

    사랑하는 사람과의 관계에는 조건적 칭찬보다는 무조건적 격려와 응원이 필요하다. 사랑하는 마음을 전달하는 것이 필요하다. 우리가 서로에게 격려의 마음을 전달하는 것은 고래를 수족관에서 데려와 바다로 돌려보내는 것과 같다. 칭찬은 고래를 춤추게 할지 몰라도, 격려는 고래를 자유롭고 행복하게 한다는 사실을 기억하자.

ⱽ 칭찬은 수족관의 고래도 춤추게 할 수 있을 정도로 강력한 힘이 있다.

ⱽ 어떤 행동이 빈번하게 일어나도록 하는 자극을 강화물이라 말한다. 강화
물에는 오감을 자극하는 1차 강화물, 경험에 의해 학습하는 2차 강화물,
심리에 영향을 주는 사회적 강화물이 있다.

ⱽ 칭찬은 일종의 사회적 강화물로 작용할 수 있지만, 때로는 의도와 달리 역
효과를 초래한다.

ⱽ 더 잘하길 바라는 마음에서 칭찬을 했지만, 이전보다 더 못하거나 안 하게
되는 경우가 생긴다. 칭찬이 평가 불안을 초래하고, 흥미와 열의를 떨어
뜨리며, 결과에만 주목하기 때문이다.

ⱽ 상대가 더 잘하기를 기대한다면 결과보다는 과정에 초점을 맞추고 칭찬
을 하자.

ⱽ 사랑하는 사람과의 관계에서 가장 좋은 것은 격려다. 칭찬은 고래를 수족
관에서 춤추게 하지만, 격려는 고래를 바다로 돌려보낸다.

Chapter 2

긍정적이면
다 해결되는 게
아니야?

• 긍정의 역설 •

심리학의 혁명,
긍정 심리학

1875년 독일 라이프치히 대학에 철학과 교수 한 명이 임용되었다. 그의 연구 분야가 인간의 의식과 정신이었기 때문이다.

'살아있다는 것은 의식이 있다는 것인데, 과연 의식이란 무엇일까?'

의식과 정신의 본질에 대한 질문은 그의 머릿속을 떠나지 않았다. 의식과 정신에 대한 논의를 인식론이라고 하는데, 이는 전통적으로 철학의 주요 관심사였다. 그런데 기존의 철학자들이 이 문제에 대한 답을 찾기 위해서 책상에 앉아 끊임없이 사유하는 것으로 접근한 반면, 신임 교수는 자연과학의 방법을 적용하고 싶어 했다. 실제로 그는 의학을 공부했고 의사로서 훈련을 받기도 했다. 그리고 물리학자이자 생리학자였던 헤르만 폰 헬름홀츠Hermann von Helmholtz를 비롯해 여러 과학자들은 물론, 당시 내로라하는 철학자들 밑에서 학문을 연마했다.

자연과학의 방법을 적용하고 싶었기에 그에게는 실험실이 필요했다. 그래서 그는 1879년 가끔씩 학생들이 저녁 식사를 하기 위해 사용하던 작은 방을 확보하고 심리학 실험실이라는 간판을 붙였다. 이 실험실은 현대 심리학의 탄생 장소가 되었고, 그는 심리학의 아버지가 되었다. 그의 이름은 빌헬름 분트Wilhelm Wundt다.

이후 심리학은 인간의 의식과 정신, 더 나아가 마음과 행동을 과학적으로 접근하면서 인문학과 자연과학 사이에서 나름의 영역을 구축해 갔다. 심리학을 인문학으로 볼 것인지, 아니면 과학으로 볼 것인지 등 정체성을 두고 수많은 학파가 생겨났고 이런 흐름이 심리학을 풍성하게 만들었다. 구조주의, 기능주의, 행동주의, 게슈탈트학파, 정신분석, 인간주의 등 심리학 안에는 다양한 주장과 이론이 있다. 이 중에 마지막으로 등장한 학파가 인간주의다. 1960년 당시 주류였던 정신분석(정신

병리 치료)과 행동주의(동물 연구)에 반대하여 심리학은 마음이 건강한 인간을 연구해야 한다고 주장했다.

이후로 심리학계는 새로운 학파나 흐름이 나오지 않았다. 기존 학파가 심리학 안에서 확고히 자리를 잡았기 때문이고, 또 한편으로는 새로운 학파가 나오기 위한 두 가지 조건을 충족하기 어려웠기 때문이다. 그 조건이란 기존에 없던 새로운 주장이어야 한다는 것과 그 주장이 많은 사람의 지지를 받아야 한다는 것이다. 심리학계의 덩치가 커질수록 오히려 이 두 조건을 충족시키는 것이 점점 더 어려워졌다. 간혹 새로운 주장이 나오기는 했지만 획기적이지 않아서 사람들의 주목을 끌지 못했거나, 너무 획기적이어서 사람들로부터 외면을 받았다.

그렇게 대략 반세기가 지났을 때, 드디어 새로운 흐름이 나왔다. 긍정 심리학이다. 긍정 심리학은 지난 100년 동안 심리학의 연구가 인간과 세상의 부정적인 측면에만 초점을 맞추었다고 말한다. 일례로 사회심리학의 대표 연구 주제는 편견, 차별, 복종, 인지적 오류 등이었고, 심리 치료 분야에서는 우울, 불안을 비롯해 각종 사건과 사고를 통해 심리적 외상을 겪은 사람들이 받는 고통, 즉 외상후스트레스장애PTSD 였다. 부정적인 측면을 연구해서 그 결과를 토대로 부정적인 면을 줄이고 없애려 했던 것이다. 그런데도 100년 동안 심리학은 뜻하는 바를 이루지 못했다.

이에 대해 긍정 심리학 편에 선 심리학자들은 부정적인 면을 아무리 연구하고 없애려고 해도 그렇게 할 수 없다는 것을 인정하자고 말한다. 오히려 이와 반대의 접근, 즉 부정적인 측면이 아니라 긍정적인 측면을 연구하여 더 발전시키는 방법이 보다 나은 삶과 세상을 만들어 줄 것이라면서 말이다.

2000년 1월 미국심리학회에서 발간하는 잡지 〈미국의 심리학자American Psychologist〉 특별판에 긍정 심리학을 주제로 한 특별 원고가 실렸다. 이 원고에는 부정의 지양이 아닌 긍정의 지향이 필요하다는 긍정 심리학자들의 주장이 실렸고, 곧 전 세계 심리학자들의 공감과 동의를 끌어냈다. 그리고 많은 심리학자들이 긍정을 주제로 연구하기 시작했다.

긍정 심리학은 심리학의 학파(○○주의)일까, 아니면 하위 분야(○○심리)일까? 긍정 심리학은 일부의 사람들만 추종하는 학파도 아니고, 대학원에서 선택할 수 있는 심리학의 하위 분야(세부 전공)도 아니다. 그동안 심리학자들이 외면하고 살았던 인간과 세상의 다른 측면에 귀를 기울이자는 하나의 운동이자 흐름이다. 그 취지에 동의하는 사회심리학자들은 행복을 연구하기 시작했고, 상담심리학자들은 내담자의 단점보다는 장점에 집중하기 시작했다.

이뿐 아니다. 심리학의 어느 분야에서든지 기존에는 연구하려고 생각하지도 않았던 긍정과 관련된 주제를 연구하기 시작했다. 대표적으로는 감사와 용서, 경외심, 영감, 희망, 호기심, 웃음, 낙관주의, 행복 등이 그것이다. 그리고 심리적 외상을 겪은 후 고통스럽게 사는 것이 아니라 오히려 그 경험을 통해서 삶의 의미를 발견하여 이전보다 더 행복하게 사는 사람들을 주목하면서 외상후스트레스장애와 대비되는 외상후성장Posttraumatic Growth, PTG을 연구하기 시작했다. 바야흐로 긍정 심리학의 시대가 열린 것이다.

긍정에게
배신을 당하다

긍정을 강조하는 것은 비단 심리학계만이 아니다. 어느 순간부터 베스트셀러 목록에는 긍정이라는 표현이 쏟아지기 시작했다. 그런 류의 책을 들춰 보면 모두들 비슷한 이야기를 한다. 긍정적으로 생각하고 낙관적으로 받아들이며 좌절하지 말고 노력하고 애쓰라고 말한다. 희망을 품고 꿈을 꾸라고 한다. 그러면 꿈이 이루어진단다.

어디 책뿐일까? 강의도 많다. 용기를 주고, 희망을 심어 주며, 처음부터 끝까지 웃다가 끝나는 행복 강의가 넘쳐난다. 누구든지 용기와 희망을 품고 낙관적이고 긍정적으로 모든 일을 받아들이면 결국 자신이 원하는 것을 이뤄 낼 수 있다고 말한다.

그런데 희한한 일이다. 이렇게 긍정을 강조하고 많은 사람들이 그 가르침에 따르는데도 내면에서 부정을 더 크게 경험하는 경우가 생기니 말이다. 미국의 유명 저널리스트인 바버라 에런라이크Barbara Ehrenreich 역시 긍정을 강조하는 사람들 사이에서 부정을 더 크게 경험했다.

◇ **암이 축복이다?**

에런라이크는 생물학 박사 학위를 받았으나 대학 교수나 연구원이라는 안정된 직업을 마다하고 도시 빈민의 건강을 옹호하는 NGO에서 일을 했다. 그러다가 자신의 경험을 바탕으로 《긍정의 배신》이라는 책을 출간했다. 긍정의 배신이라니 무슨 말일까? 그녀는 우리 사회에 불고 있는 긍정주의를 비판적으로 바라봐야 한다고 말했다. 이 주장을 하게 된 계기는 자신의 경험 때문이었다.

지난 2000년 유방암 진단을 받은 그녀는 평소 건강에 대해 전혀 걱정하지 않는 긍정적이고 낙천적인 사람이었다. 사회의 구조적 문제나 부조리에 대해 비판적 시각을 갖기는 했어도 매사에 투덜대는 사람은 아니었다. 그런데 정작 자신이 암 환자가 되어 치료를 받으면서부터 본의 아니게 부정적인 사람으로 변해 갈 수밖에 없었는데, 그 이유는 유방암에 대한 각종 정보를 찾기 위해서 인터넷에 접속할 때마다 마주하는 유방암 환자들의 이상한 경험담 때문이었다.

유방함 환자들이 정보를 교환하는 인터넷 커뮤니티 어느 곳에서도 암 환자로서 겪는 고민과 걱정에 대한 이야기는 찾아볼 수가 없었다. 유방암 진단을 받은 여성이 겪을 수 있는 우울과 불안에 대한 흔적도 없었다. 모두가 한결같이 암에 대해서 긍정적으로 반응했다. 모두들 고환암을 이겨 낸 사이클 황제 랜스 암스트롱Lance Armstrong처럼 '암은 축복이며, 감사할 이유'라고 말했다.

25세에 고환암 진단을 받은 암스트롱은 암이 뇌와 폐에까지 전이되었다. 치사율이 50%에 이르는 고환암 환자였던 그는 고환 한 쪽과 뇌 조직 일부를 제거하는 대수술을 받고 기적적으로 살아나 자신을 괴롭히는 암과 사투를 벌였다. 그리고 자신의 꿈과 희망을 이루기 위해 사이클 선수들 사이에서 죽음의 레이스라 불리는 '투르 드 프랑스Tour de France'에 참가했고, 1999년부터 2005년까지 무려 7연패의 위업을 달성했다. 제 아무리 건강하더라도 하기 어려운 엄청난 업적을 세웠다. 그는 세계적인 인물이 되었고, 암 환자들의 희망이 되었다. 자신의 책과 각종 인터뷰에서 그는 이런 말을 자주 했다.

"내 항암제는 긍정적 사고이다."

"병에 걸리면서 내 인생을 다시 되돌아보지 않을 수 없었다. 만약 암에 걸리지 않았더라면, 투르 드 프랑스에서 이기지 못했을 것이다."

"질병을 이기는 데 가장 중요한 것은 긍정적인 생각이다."

"내가 암을 극복할 수 있었던 것은 마법의 약을 복용해서가 아니라 나을 수 있다는 신념과 살 수 있다는 의지 때문이었다."

"질병이 없었으면 승리도 없었을 것."

◇ 긍정의 배신

에런라이크는 게시판 곳곳에 이런 뉘앙스의 글이 천편일률적으로 있는 것을 보고 너무나 놀랐다. 마치 모두가 암스트롱이라도 된 것 같았다. 세상에는 이렇게 긍정적인 사람도 있을 수 있겠지만, 어떻게 모든 사람이 하나같이 암이 자신에게 축복이라고 말하는지 이해하기 어려웠다.

물론 사람들이 자신의 암을 걱정하고 염려하느라 지속적으로 스트레스를 받고 더 우울하기를 기대한 것은 아니다. NGO에서 일하는 그녀는 제약회사의 입김이 큰 미국의 의료 현실에서 자신이 제대로 된 치료를 받을 수 있도록 함께 고민하고 행동할 사람을 만나고 싶었다. 또한 유방암의 종류가 다양한데도 왜 치료법은 그렇게 천편일률적인지, 산업화된 사회에서 유방암 발병률은 왜 이렇게 높은지 등에 대해 함께 질문하면서 답을 찾아 나갈 동지를 만나기를 기대했다.

그러나 인터넷 커뮤니티는 그런 분위기가 아니었다. 그래도 혹시나 하는 마음으로 용기를 내어 게시판에 자신의 생각을 올렸다. 긍정적인 것도 좋지만, 이런 문제의식을 갖고 함께 고민하는 것이 필요하지 않겠느냐, 함께 고민할 사람들을 만나고 싶다는 뉘앙스로 말이다. 그랬더니 놀라운 일이 벌어졌다. 사람들이 득달같이 달려들어서 그녀를 걱정하는 척하면서 비난했다. 그녀가 비참할 정도로 불쌍히 여겼다. 그리고 그녀에게 유방암에 대해서 감사하라고 압박했다. 암은 축복이라고 고백하라고 강요했다. 그중 어떤 사람은 그녀가 너무 부정적으로, 비관적으로 생각한다면서, 당장 뛰어가서 상담을 받으라며 이렇게 댓글을 달았다.

"이 사이트에 있는 모든 사람에게 당신이 풍요로운 삶을 누릴 수 있도록 기도해 달라고 부탁할게요."

에런라이크는 순간 당황스러웠다. 평소에 그렇게 부정적인 사람이라고 생각하고 살지 않았는데, 이렇게 아무 생각 없이 무한 긍정인 사람들 속에 있으니 자신이 비관주의자, 염세주자가 된 것만 같았다. 모두가 암이 축복이라고 외치는 상황에서 암이 고통이라고 생각하는 그녀는 이상한 사람이 되었다. 이때부터 에런라이크는 미국에서 시작되어 전 세계로 퍼져 나간 천편일률적인 긍정주의에 대해 고민하기 시작했다.

긍정을 강조하면
부정도 강조된다

———

　사람들이 긍정을 말하는데 오히려 부정이 부각되는 역설이 발생하는 이유는 무엇일까? 두 가지 이유가 있다. 우선 첫째 이유는 대조 효과Contrast Effect이다. 대조 효과란 어떤 특성이 다른 것과 비교될 때 더욱 뚜렷해지는 현상을 말한다.

　예를 들어, 100만 원을 가지고 있는 사람은 10만 원을 가지고 있는 사람과 함께 있을 때 자신의 100만 원을 크게 느낀다. 주변 사람들로부터 부러움과 시샘의 눈초리를 받을 것이다. 다른 사람들보다 무려 10배나 돈이 많으니까. 그런데 1,000만 원을 가지고 있는 사람들과 함께 있을 때는 어떨까? 이번에는 주변 사람들과 비교했을 때 1/10밖에 없기 때문에 자신의 100

만 원을 초라하게 느낀다. 같은 100만 원인데도 누구와 비교하느냐에 따라서 전혀 다르게 인식된다.

◇ 대조 효과

성적도 마찬가지다. 친한 친구들이 모두 전교 10등 이내에 들 정도라면 전교 20등인 학생은 스스로 공부를 못한다고 생각할 것이다. 가족이나 친인척 사이에서도 이와 비슷한 경우를 쉽게 찾아볼 수 있다. 부모나 삼촌들이 소위 명문대학 출신이라면, 서울의 중위권 대학에 진학한 조카는 못난이 취급을 받기도 한다. 반대도 가능하다. 친하게 지내는 친구들이 반에서 중간 이하의 등수라면, 반에서 1등인 학생은 그 친구들 사이에서 천재로 불린다. 부모나 삼촌들이 대학을 나오지 못했다면, 조카는 가문에서 가장 성공한 인물로 대우받을 것이다.

돈이나 성적처럼 눈에 보이는 것에만 대조 효과가 나타나는 것은 아니다. 우리의 감각 과정에서도 발견된다. 뜨거운 물과 차가운 물, 그리고 미지근한 물을 대야에 준비한 다음 사람들에게 오른손은 뜨거운 물에, 왼손은 차가운 물에 동시에 넣게 한다. 대략 10초 후에 두 손을 꺼내서 미지근한 물에 넣게한다. 두 손은 온도를 어떻게 느낄까? 뜨거운 물에 있던 오른손은 미지근한 물을 차갑다고 느끼고, 차가운 물에 있던 왼손은 미지근한 물을 뜨겁다고 느낀다. 당연히 미지근한 물의 온도는 같지만 이전의 경험에 따라서 양손은 다른 온도를 느끼는 것이다.

심리적 속성 역시 대조 효과가 발생한다. 일상생활에 크게 지장이 없을 정도로 경미한 우울을 겪고 있는 사람은 평소에 자신과 비슷한 수준의 우울을 느끼는 친구들과 함께 있을 때는 자신의 우울을 자연스럽게 받아들인다. 그러나 유쾌한 사람들과 함께 있을 때는 어떨까? 자신의 우울을 더 크게 지각한다. 남들은 전혀 우울해 보이지 않기에 자신의 우울이 더 부각되는 것이다. 반대도 가능하다. 자신보다 심각한 우울을 겪고 있는 사람들과 함께 있을 때는 자신의 우울을 비교적 가볍게 느낀다.

긍정과 부정도 마찬가지다. 에런라이크는 자신이 유방암 진단을 받기 전까지는 누군가 자신에게 긍정적이냐 부정적이냐고 묻는다면 쉽게 대답하지 못했을 것이라고 했다. 사실 에런라이크처럼 세상의 부조리를 파악하고 그것을 널리 알림으로써 변화와 발전을 추구하는 사람들은 두 가지 속성을 모두 갖고 있다. 세상을 있는 그대로 보기보다는 비판적 시각으로 본다는 점에서는 부정적이지만, 궁극적으로 변화와 발전 가능성을 염두에 둔다는 점에서는 긍정적이다. 하지만 지나치게 긍정적인 사람들 속에서 에런라이크는 자신을 아주 부정적인 사람인 것처럼 느꼈다.

대조 효과는 비교의 산물이다. 어떤 이들은 비교하는 행위를 극도로 싫어하고 거부하려 하지만, 사실은 사람은 비교를 통해서만 세상을 이해할 수 있다. 무엇을 배우는 것은 이전의 지식과 비교하는 행위를 수반한다. 감각 역시 그렇다. 기존의 감각 경험과 비교하여 차이가 날 때 알아차리게 된다. 내가 어떤 사람인지 알기 위해서도 다른 사람들과 비교하며, 우리나라가 어떤 수준인지 알기 위해서도 다른 나라와 비교한다.

이런 면에서 비교는 불가피한 정신 활동이다. 물론 비교가 차별과 편견으로 이어진다는 점에서 비교를 거부하는 사람들도 있다. 그런데 엄밀히 말해 차별과 편견이 문제지, 비교 자체는 거부할 수 없는 자연스런 정신 활동이다. 인간은 비교를 하지 않고는 경험하고 인식하고 기억하고 판단하는 것이 불가능하다. 그래서 대조 효과도 자연스럽게 나타난다.

◇ **상호작용 효과**

사람들이 긍정을 말할 때 부정이 부각되는 두 번째 이유는 관계 속에서 서로 영향을 주고받는 상호작용 때문이다.

100만 원을 가지고 있는 사람이 10만 원을 가지고 있는 사람들 속에서 가만히 있는 것이 아니라 서로가 얼마를 가지고 있는지 직접 물으면 어떨까? 10만 원을 가진 사람들의 부러운 눈초리를 통해 자신의 100만 원을 더 크게 느낄 것이다. 이번에는 1,000만 원을 가진 사람들과 함께 있다고 가정하고 서로가 얼마를 가지고 있는지 확인하는데 이런 이야기를 들었다고 해보자.

"100만 원밖에 없다고? 더 열심히 노력하라고. 그래야 조금이라도 더 가질 수 있을 테니까!"

자신의 100만 원이 초라하게 보이면서도 그 사람들에게 화가 날 것이다. 그래서 이런 이야기에 자극을 받아서 더 많이 벌려고 애쓰고 노력하는 사람도 있겠지만, 자신이 무시당한다는 생각에 자존심이 상해서 더 열심히 노력하기는커녕 좌절하고 슬퍼하고 원망하는 사람도 있을 것이다. 또 어떤 이들은 평소와는 달리 돈 이외의 다른 가치를 더 중요하다고 느끼면서 돈에 더 무관심해지기도 한다.

'돈이면 다인 줄 아나 본데, 세상에는 돈 말고도 더 중요한 가치가 있다고! 난 돈 대신 삶의 여유를 선택하겠어!'

성적도 이와 비슷하다. 공부 잘하는 사람이 못하는 사람에게

"공부를 왜 그렇게 못하니! 더욱 열심히 해서 우리처럼 돼 봐"라고 하면 어떨까? 이런 이야기를 좋게 받아들이고 열심히 공부해서 성적을 올리는 사람도 있을지 모르나 대부분은 자존심이 상해 공부를 더 안 하게 될 것이다.

긍정과 부정도 마찬가지다. 유방암과 관련된 정보를 찾기 위해 인터넷에서 검색했을 때 발견한 암 환자의 감사 퍼레이드 자체만으로도 에런라이크는 자신 안에 있는 부정(불쾌감, 문제의식)을 느꼈지만, 여기서 끝이 아니었다. 용기를 내어 부정적이고 비판적인 글을 올리자, 사람들은 긍정적으로 생각하라면서 그녀를 비관주의자나 염세주의자 취급을 했다. 그들의 눈에는 에런라이크가 얼마나 불쌍하게 보였겠는가! 그 때문에 그들은 더욱 긍정을 옹호하면서 이전보다 더 큰 확신을 갖게 되었다.

방향은 정반대지만, 에런라이크도 멈추지 않았다. 뭔가 잘못되었다는 생각에 더욱 비판적인 입장을 견지했고, 결국 《긍정의 배신》이라는 책까지 출간했다.

의견 차이가
점점 더 커지는 이유

　긍정적인 사람들 속에 있기만 해도 대조 효과를 통해 부정은 더욱 크게 지각된다. 그런데 에런라이크의 경우처럼 서로가 영향을 줄 수 있는, 즉 상호작용하는 상황이라면 긍정과 부정의 차이는 더욱 극명해진다. 다시 말해 긍정적인 사람들은 부정적 견해를 드러낸 에런라이크에게 조언하면서 더욱 더 긍정적이 되었고, 에런라이크는 그들의 태도에 당황하면서 더욱 더 부정적인 견해를 드러냈다.

　이처럼 반대되는 두 의견이 상호작용 속으로 들어갈 때 더욱 차이가 벌어지는 이유는 무엇일까? 우선 반발심Psychological Reactance으로 설명할 수 있다. 하라고 하면 하기 싫고, 하지 말라고 하면 하고 싶은 법이다. 우리가 익히 잘 아는 청개구리 심보다.

◇ **청개구리 심보**

평소 어머니 말씀과 늘 반대로 행동했던 아들 청개구리. 아들 때문에 속을 썩은 어머니는 결국 앓아누웠고, 자신이 죽으면 산에 묻지 말고 강가에 묻으라고 했다. 어머니는 아들이 늘 반대로 했기에 그렇게 말한 것인데, 아들 청개구리는 어머니의 죽음을 슬퍼하며 마지막 유언이라도 제대로 들어 드리자고 생각해 진짜 강가에 묻었다. 그래서 비가 올 때마다 어머니 무덤이 떠내려 갈까봐 "개굴개굴" 운다는 이야기다.

부모가 아이들에게 이 이야기를 들려주는 이유는 실제로 아이들이 청개구리처럼 행동하기 때문이다. 이제 겨우 기어 다니는 유아도 부모 대신 스스로 무언가를 하려고 한다. 말을 못할 때는 행동으로 떼를 쓰고, 말을 배우면 "싫어!", "내가 할 거야!", "안 해!"라고 표현한다. 청소년 때도 그렇다. 오랜만에 공부하려고 책상에 앉았다가도 부모님이 "공부해라!"고 소리치면 거의 자동적으로 책상을 박차고 일어선다.

반발심이 일어나는 이유는 자율성과 독립성의 욕구 때문이다. 스스로 선택하려는 마음, 누구에게도 통제받지 않고 스스로 통제하려는 마음은 인간 본연의 욕구다. 이 때문에 누가 "앉아"라고 말하면 서고 싶고, "일어서"라고 말하면 앉고 싶다. 심지어 상대가 "공부 잘해라", "돈 많이 벌어라", "행복해졌으면 좋겠다", "긍정적으로 생각해라" 등 좋은 의도를 전달하더라도 반발심이 작동하면 이 모든 것이 싫어진다.

성인이라고 다를까? 그렇지 않다. 단지 아이들은 자신의 마음을 숨기는 방법을 알지 못하기 때문에 그대로 드러나고, 어른은 자신의 마음을 숨길 뿐이다. 심리적으로는 여전히 반발한다. 반발심은 나이와 상관없는 인간의 중요한 심리적 속성이다.

영국의 극작가 윌리엄 셰익스피어 William Shakespeare 의 희곡 《로미오와 줄리엣 Romeo & Juliet》 역시 반발심의 위력을 잘 보여 주고 있다. 만약 로미오와 줄리엣이 사랑에 빠졌을 때 양가에서 반대하지 않았다면, 그들의 사랑이 죽음과 맞바꿀 정도로 그렇게 강렬하고 뜨거웠을까? 그렇지는 않았을 것이다. 우리 대부분이 그랬던 것처럼 한때는 뜨거운 사랑을 했겠지만, 얼마 지나지 않아 서로에 대한 마음이 식어서 각자 맞바람을 피웠을지도 모르는 일. 이처럼 주변의 반대로 사랑이 깊어지는 현상을 일컬어 로미오와 줄리엣 효과 Romeo & Juliet Effect 라고 한다.

◇ 균형의 추구

하지만 에런라이크의 경험은 단지 이런 반발심만으로는 설명하기 어렵다. 왜냐하면 그녀는 무언가를 바로잡아야겠다는 생각을 했기 때문이다. 여기서 상호작용으로 긍정과 부정이 더욱 극단으로 치닫는 두 번째 이유가 등장한다. 바로 균형의 추구다. 균형의 추구란 최적의 상태, 가장 좋거나 바람직한 상태로 만들기 위한 노력이다. 그래서 한 쪽이 강하게 자신의 의견을 주장하면, 다른 쪽도 그에 걸맞을 정도로 혹은 더 강하게 반대 의견을 주장한다.

에런라이크가 보기에 유방암의 진단과 치료 과정에는 미심쩍은 부분이 많이 있었다. 생물학 박사였던 그녀는 평소부터 미국의 의료 시스템에 대한 의구심이 있었다. 제약 회사들이 영리를 추구하느라 환자의 건강을 등한시하는 경우를 많이 목격했기 때문이다. 그래서 필요한 정보를 얻고 같은 아픔을 겪는 사람들과 함께 대응하고자 인터넷에서 관련 사이트를 검색했다. 이때만 해도 에런라이크는 그리 부정적인 사람은 아니었다.

인터넷에서 마주한 첫 경험담은 감사 고백이었다. 자신에게 암이 굉장히 큰 선물이며 두 번 다시 얻을 수 없는 값진 기회라도 되는 것처럼 사람들은 자신의 암에 감사하고 기쁘다는 이야기를 하고 있었다. 에런라이크가 이런 글을 처음 보았을 때 어떤 생각을 했을까?

'자신에게 유방암이 발병한 것에 대해서 이렇게 생각하는 사람도 있군.'

그런데 그다음 글도 감사, 그다음도 감사, 끊임없이 쏟아져 나오는 감사 고백을 보게 되었을 때는 생각이 달라졌다.

'이거 뭔가 심상치가 않은데? 다들 감사에 취해서 진실을 외면하고 있어. 다들 장밋빛 환상에 취해 있어. 나라도 진실을 알리는 글을 올려야겠어. 그래서 사람들이 조금이라도 경각심을 가지도록 해야겠어.'

이런 마음으로 자신의 생각을 게시판에 올렸다. 결과는 예상 외였다. 사람들은 에런라이크가 부정적인 생각에 사로잡혔다면서 자신들이 나서서 긍정적으로 만들어 주어야겠다고 생각했다. 그래서 에런라이크에게 메시지를 보내 자신의 긍정 마인드를 더욱 강하게 표현했고 그녀에게도 감사를 강요했다.

그런데 사람들의 이런 시도는 에런라이크를 긍정적으로 만들지 못했다. 오히려 에런라이크는 그들이 현실 문제를 외면하게 만드는 긍정주의에 빠져 있다고 생각하고 그들을 긍정의 구렁텅이에서 끌어내야겠다고 결심했다. 그럴수록 긍정의 사람들도 가만히 있지 않았다. 부정에 사로잡힌 불쌍한 어린 양을 구해 주기 위해 더욱 강력하게 긍정을 강조했다.

이런 식의 상호작용은 긍정과 부정의 격차를 더 크게 벌려놓았다. 긍정을 강조하면 강조할수록 부정도 강조되는 역설이 발생했다.

더욱 긍정을 강조하는 사람들이나 더욱 부정적으로 대응하는 에런라이크의 의도는 무엇일까? 놀랍게도 같은 목적이다. 유방암으로 고통받는 자신들에게 최선을 다하는 것이다. 암에 대해 감사하라고 말하는 사람들은 긍정적인 마음이 치료에 가장 좋기 때문이라고 생각한다. 그래서 조금이라도 부정적인 사람들을 보면 적극적으로 달려가서 긍정적으로 생각하라고 압박을 넣는 것이다.

여기에 대해서는 에런라이크도 동의할 것이다. 적어도 암 환자가 자신의 암에 대한 불평불만, 후회와 자책 속에 사는 것이 건강에 좋다고 생각하지는 않을 것이다. 그러나 이 때문에 현실 문제를 도외시한다면 제대로 치료받을 기회를 놓쳐 더 크게 고통받을 것이라고 생각할 뿐이다. 이런 마음으로 주변에서 무조건 암에 대한 감사만 외치니 그녀는 균형을 잡기 위해서라도 더 크게 의료 처치에 대한 의심을 외치는 것이다.

◇ **한 마음 두 생각의 비극**

이처럼 같은 목적을 추구하는 양쪽이 상호작용을 통해 작은 차이를 큰 차이로 키우는 일은 비일비재하다. 특히 부부 사이가 그렇다. 결혼할 때 두 사람은 서로의 차이점보다는 공통점이 더 많다고 느낀다. 하지만 함께 살다 보면 작은 차이는 아주 큰 차이로 벌어진다.

두 사람이 모두 돈을 아끼는 경향이 있다고 하자. 그렇더라도 둘 중 한 사람이 조금 더 아끼고, 한 사람은 덜 아낄 것이다. 아내는 알뜰하게 살림을 하려고 애를 쓴다. 그래서 남편이 외식을 하자고 제안하면 거절한다. 남편도 잦은 외식은 반대하지만, 아주 가끔은 외식을 하고 싶다. 그래서 남편이 아내에게 "아끼는 것도 좋지만, 쓸 데는 쓰자"고 말하면서 자기는 외식을 일주일에 한 번은 꼭 해야겠다고 고집한다. 남편은 이렇게 강하게 말해야 한 달에 한 번이라도 외식할 수 있다고 판단했기 때문이다.

어쨌든 남편의 뜻에 따라 외식을 하게 된 아내는 평소보다 많은 돈을 지출했다는 생각에 불안해진다. 게다가 일주일에 한 번씩 외식을 하자는 남편의 제안이 현실화된다면, 머지 않아 길거리에 나앉을지도 모른다는 불길한 생각이 든다. 비상 상황이다. 쓸 데 쓰는 것이 아니라 과소비를 한다는 느낌을 받기 때문이다. 이제 남편의 의견에 적극적으로 반대하면서 절대로 외식은 안 된다고 말한다. 아내는 이렇게 강하게 말해야 '한 달에 한 번'으로라도 타협할 수 있을 것 같기 때문이다.

남편은 전보다 더 과격하고 완고해진 아내의 태도를 보면서 이렇게 아끼다가는 스트레스를 받아 병에 걸리고, 그러면 치료비로 더 많은 돈을 날릴 것이라고 상상한다. 그러면서 이전보다 강하게 말한다. 제발 돈 좀 편하게 쓰자고. 분명 두 사람 모두 잘 살고자 하는 공동의 목표가 있지만, 지속적인 상호작용을 통해 격차는 점점 더 커져서 결국 돌아올 수 없는 선을 넘기도 한다.

비단 돈 문제에서만 그럴까? 자녀 양육, 집안일, 시댁이나 처가 문제, 여행이나 휴가를 즐기는 방법, 정치적 견해를 비롯해 거의 모든 부분에서 이런 상호작용은 작은 차이를 아주 크게 만든다. 자신의 입장에서는 살짝 극단으로 치우쳐 있는 상대를 끌어오기 위해, 그래서 적절한 균형을 잡기 위해 또 다른 극단을 취하는 것뿐이다.

흥미로운 사실은 양쪽을 극단으로 갈라서게 만드는 이런 상호작용의 이면에는 함께 잘 살고자 하는 마음이 있다는 것이다. 하지만 결국에는 마음과 정반대 결론에 도달하기도 한다.

긍정주의의 늪에서
빠져나와야 한다

───

심리학계에서 반세기 만에 등장한 새로운 흐름인 긍정 심리학. 그런데 정말로 긍정 심리학에서 말하는 긍정이 부정을 부각시킬까? 결론부터 말하자면 그렇지 않다. 에런라이크가 암 환자 인터넷 커뮤니티에서 목격한 것은 긍정 심리학이 아닌 긍정주의다. 긍정주의는 '무조건 긍정이 정답'이라는 주장이다.

긍정주의와 긍정 심리학의 차이점은 두 가지다. 첫 번째는 기술Description과 처방Prescription 이다. 기술은 현상이 어떤지를 말하는 것이고, 처방은 현상을 바꾸기 위하여 적극적으로 개입하는 것이다. 긍정 심리학은 기술에 초점을 맞춘다. 행복한 사람들의 특성을 연구하고 감사와 용서의 효과를 밝혀서 기술하는 것이 목적이다. 가장 대표적인 긍정 심리학의 연구 결과를 서술하면 다음과 같다.

- 행복에 가장 큰 영향을 미치는 것은 돈이나 명예가 아닌 주변 사람들과의 관계
- 감사 일기를 꾸준히 쓰니 삶이 풍부해짐
- 자신에게 잘못을 저지른 사람을 용서하니 우울과 불안, 분노가 감소

이런 연구 결과를 보면 자연스럽게 삶에 적용하고 효과를 보기 위해 처방하고 싶은 마음이 들 수 있다. 그러나 긍정 심리학자들은 처방에 초점을 두지 않는다. 다음처럼 처방을 하려는 쪽은 긍정주의다. 긍정주의자들은 이렇게 말한다.

- 관계를 잘 맺으면 행복해질 수 있음
- 삶을 풍부하게 살려면 감사 일기를 쓸 것
- 우울과 불안, 분노를 감소시키려면 그 사람을 용서할 것

물론 누군가 당신에게 "관계를 잘 맺고 싶다"고 말하면 당신은 '행복해질 가능성이 있겠네'라고 생각할 수 있고, "감사 일기

를 쓰면서 자신에게 잘못을 저지른 사람을 용서하겠다"고 말한 다면 예상되는 효과에 대해서 이야기해 줄 수는 있다. 하지만 이것은 긍정을 선택했을 때 얻을 수도 있는 결과일 뿐이다. 이 런 결과를 얻기 위해 긍정을 선택하면 언제나 효과가 좋을까? 아니다. 그럴 수도 있고 아닐 수도 있다. 이렇게 애매하게 표현 하는 이유가 있다. 전문용어로 표현하자면 인과관계를 증명한 것이 아니라 상관관계를 보여 주는 것이기 때문이다. 즉, 관련 성은 분명히 존재하지만 원인과 결과로는 단정 짓기 어렵다는 뜻이다.

두 번째 차이점은 부정을 인정하느냐, 무시하느냐다. 긍정주 의는 부정을 무시한다.

긍정주의의 배경은 신자유주의와 신사상 운동이다. 1970년 대부터 부각되기 시작된 신자유주의는 시장의 순기능을 강조 하며 자유무역과 규제 철폐를 옹호하는 경제적, 정치적 이념이 다. 19세기 자유주의는 국가가 개입하지 않는 자유방임에 가 까웠다면, 신자유주의는 국가 정책의 필요성을 인정한다. 하지 만 자유주의나 신자유주의 모두 시장경제의 구성원 누구라도 열심히 노력하면 성공할 수 있다는 전제를 갖고 있다.

신사상 운동은 19세기부터 시작된 일종의 종교 철학이다. 인 간에게는 신성神性이 있어서 올바른 생각으로 병을 치료할 수 있고 자신의 실수와 잘못까지 줄여서 탁월한 사람이 될 수 있다고 말한다. 신사상에는 단순한 메시지 두 가지가 있다. 사람들은 내면 깊숙한 곳에 엄청난 힘을 지니고 있다는 것과 부정적인 생각을 떨쳐 버리면 이 힘의 문을 열 수 있다는 것이다. 신사상 운동은 부정을 거부한다. 낙심과 낙담, 우울과 불안, 좌절과 고민을 터부시하면서 긍정을 강조하고, 긍정이면 된다는 식의 교조적 논리를 편다. 신사상 운동의 대표적인 책이 전 세계적 베스트셀러였던 《시크릿》이다.

이와 달리 긍정 심리학은 심리학 연구가 그동안 인간과 세상의 부정에만 초점을 맞추었던 것에 대한 반성에서 출발한다. 인간과 세상에는 부정적인 것(편견, 차별, 우울, 불안 등)이 가득하지만, 분명히 긍정적인 것(행복, 감사, 영성, 용서 등)도 존재한다. 지금까지는 부정적인 '것만' 관심을 가졌으니, 이제는 긍정적인 '것도' 관심을 가져 보자는 것이다. 부정적인 것을 외면하거나 부인하자는 것이 아니다. 부정적인 것을 연구하는 것도 여전히 필요하다고 말한다. 그러면서 동시에 긍정적인 것을 연구하여 활용하자는 것이다. 즉, 긍정주의가 부정의 부인과 긍정의 독단을 주장한다면, 긍정 심리학은 부정과 긍정의 균형을 추구한다.

긍정 심리학과 긍정주의의 차이를 보다 분명하게 이해하려면 낙관주의와 비관주의를 비교하면 된다. 긍정주의에서는 어떤 상황을 낙관적으로 받아들이는 것이 좋고 비관적으로 받아들이는 것이 나쁘다고 말한다. 그러나 긍정 심리학자들은 역경과 실패를 이겨내는 진짜 낙관주의와 비현실적 낙관주의Unrealistic Optimism를 구분한다. 진짜 낙관주의는 실패 상황에서 좌절하고 무기력하게 반응하지 않고, 힘들고 괴롭지만 다시 도전해 보려는 자세다. 실패와 좌절을 부인하지 않고, 그것을 인정하면서 뛰어넘을 수 있는 마음의 힘을 추구하는 것이 진짜 낙관주의다. 비현실적 낙관주의는 '난 뭘 하든 무조건 잘 될 거야', '나쁜 일은 나에게는 일어나지 않아. 타인에게 일어나겠지. 나에게는 늘 좋은 일만 일어나'라는 식으로 현실을 무시하는 가짜 낙관주의다.

긍정주의에서는 비관주의를 나쁘게 보지만 도움이 되는 비관주의도 있다. 바로 방어적 비관주의Defensive Pessimism다. 일반적으로 생각하는 비관주의가 매사를 부정적으로 보는 것이라면 방어적 비관주의는 어떤 일을 시작하기 전에 최악의 경우를 생각하는 것이다. 그러면 대부분은 최악보다는 괜찮은 결과가 나오기 때문에 실망은 덜 하고 용기는 더 가질 수 있다. 우리가 흔히 쓰는 말 중에 '죽기 아니면 까무러치기'가 이런 경우다.

우리네 삶은 단순하지 않다. 복잡하다. 부정을 뒤집으면 긍정이 되고, 긍정을 다르게 보면 부정이 되기도 한다. 세상은 위험한 곳이지만 한편으로는 즐거운 일이 가득한 곳이기도 하다. 어제의 적이 오늘의 동지가 되고, 옛날에는 무시당했던 것이 오늘에는 아주 바람직한 일이 되기도 하다. 이렇게 복잡한 세상에서 긍정 심리학은 부정과 긍정의 균형을 말한다. 한쪽으로만 치우치지 말고 양쪽 모두를 보자고 한다. 반면 긍정주의는 부정을 외면한 긍정만을 강조한다. 우리네 삶을, 그리고 세상에서 벌어지는 수많은 사건들을 단순화시켜서 좋은 쪽만을 강요한다.

효과가 배가 되는
긍정 사용법

———

　사랑하는 사람을 먼저 떠나보내서, 중요한 시험에 떨어져서, 큰 사고로 몸이나 마음에 난 상처를 안고 평생을 살게 되어서, 경제적으로 큰 어려움에 처해서, 그리고 에런라이크처럼 암 진단을 받아 혼란스럽고 슬프고 우울하며 좌절하는 사람에게 어떻게 긍정을 전할까? 인터넷 커뮤니티 회원들처럼 득달같이 달려들어서 "감사해라", "긍정적으로 생각해라", "너에게 닥친 일이 최고의 축복인 줄 알아야 한다"고 소리를 질러서는 안 될 일이다. 상대가 긍정적으로 바뀌기는커녕 부정적 생각에 사로잡히게 된다. 그리고 긍정을 강조할수록 상대는 점점 더 극단의 부정으로 치닫게 된다.

상대에게 긍정을 전해 주려면 우선 공감Empathy이 필요하다. 상대의 부정적 감정을 섣불리 바꾸려 하지 말고, 있는 그대로 충분히 공감해 줄 필요가 있다. 상대의 감정을 바꾸려는 것은 그 감정이 틀렸다는 것을 전제하는 것이고, 공감은 상대의 감정을 그럴 수 있다면서 있는 그대로 인정해 주는 것이다.

"내가 너였더라도 너처럼 느꼈을 거야."

이런 공감은 상대방에게 큰 힘이 된다. 자신의 감정이 틀리지 않았음을 인정받고, 자신의 감정을 인정해 주고 이해해 주는 누군가가 있으면 마음이 열린다.

공감하기를 주저하는 사람도 있다. 이런 경우, 공감과 동의Agreement를 혼동하는 것은 아닌지 살펴보아야 한다. 공감은 상대의 감정을 인정하는 것이다. 반면 동의는 상대의 행동에 찬성하는 것이다. 공감과 동의는 다르다. 즉, 상대의 감정을 인정한다고 해서 상대가 감정대로 행동하는 것까지 찬성한다는 뜻은 아니다.

"내 삶은 너무 힘들어서 도저히 견딜 수 없어. 그래서 난 죽고 싶어"라고 말하는 사람이 있을 때 공감과 동의를 혼동하는 사람은 "너 힘들면 안 돼. 그런 일 가지고 힘들다고 죽으려고 해?"라고 말한다. 오히려 이런 식의 반응은 상대를 더욱 외롭게 만든다. '날 이해 못 한다'고 생각해서 마음을 닫고 더 이상 이야기하지 않으려고 한다. 물론 죽고 싶은 마음을 이해한다고 했다가 상대가 진짜로 죽을까봐 걱정될 수 있다. 이럴 때는 공감과 동의를 분명히 구분해서 이렇게 말하자.

"네가 죽고 싶은 마음 이해해. 얼마나 고통스럽겠니. 네 마음은 이해하지만, 네가 죽는 것에는 동의 못 해. 널 이렇게 보낼 수는 없어!"

이렇게 상대의 감정에 공감하지만, 상대의 결정에 동의하지 않을 수 있다. 이 둘을 구분하면 우리는 힘들어하는 주변 사람들에게 보다 쉽게 공감할 수 있다. 상대방의 고통에 공감한다고 해서 상대방이 그 고통에 계속 머무를 거라거나 끔찍한 행동을 할 것이라고 걱정하지 않아도 된다. 심리학의 많은 연구 결과는 공감이 상대방을 보호하고 안전하게 지켜준다고 말한다.

먼저 공감하면, 상대가 자신의 고통에서 벗어나고 싶다고 말할 때가 있다. 바로 이때 자신이 가지고 있는 긍정(행복, 낙관주의, 감사, 용서 등)에 대해 전해 주면 된다. 긍정 심리학을 연구하는 사람들은 긍정이 좋은 결과를 발휘하려면 자발적이고 지속적이어야 한다고 말한다. 누가 강요해서 되는 것이 아니다. 스스로 원해야지 억지로 해서는 안 된다. 또한 흥미나 재미, 호기심으로 한두 번 정도 감사 일기를 쓰거나 용서를 했다고 긍정의 효과를 누릴 수는 없다. 매일 꾸준하게 실천해야 효과가 있다.

긍정은 강요해서는 안 된다. 스스로 자신의 역경을 딛고 일어날 의지가 선행되어야 한다. 하지만 긍정주의는 어떤가? 상대방의 상황과 처지, 처한 입장과 의지를 고려하지 않고 무조건 긍정을 강요한다. 이런 긍정주의는 오히려 많은 이들의 마음에 있는 부정(걱정과 염려, 분노와 불안, 불쾌감)을 부각시키고 현실에 적응하지 못하거나 회피하게 만든다. 그래서 자신이 담담히 겪어야 하는 현실과 부정적인 상황을 받아들일 수 없어서 오히려 더 큰 문제를 일으키게 된다.

에런라이크의 책《긍정의 배신》의 부제는 '긍정적 사고는 어떻게 우리의 발등을 찍는가'이다. 긍정적 사고가 발등을 찍는다는 표현이 재밌다. 그런데 실제로 이런 일이 있었다. 앞서 언급한 랜스 암스트롱의 이야기다.

자신의 암에 대해 그렇게나 열심히 긍정적인 말을 쏟아낸 그가 2012년 도핑 의혹에 휩싸였다. 그동안 교묘한 방법으로 도핑 테스트를 무력화했다는 폭로가 이어졌다. 도핑 테스트에 걸리지 않을 약물을 사용했다는 것이다. 암스트롱을 긍정의 화신으로 믿었던 사람들은 모든 것이 암스트롱을 시기하는 사람들의 음모라고 믿고 싶었다. 그러나 암스트롱은 스스로 도핑 사실을 인정했다. 그가 받은 모든 상은 몰수되었고, 그의 업적은 허공으로 사라졌다. 랜스 암스트롱을 믿었던 이들은 발등이 찍혔다.

이것이 부정을 무시하고 긍정만 강조하는, 그래서 긍정을 강조할수록 부정이 부각되는 긍정주의의 현주소다. 우리에게는 막가파식 긍정주의가 아니라 역경과 좌절을 딛고 일어서게 하는 긍정 심리학의 정신이 필요하다. 그래야 발등을 잘 보존할 수 있다.

✔ 긍정을 강조할수록 부정을 부각시키는 이유는 대조 효과와 상호작용 때문이다. 또 두 반대되는 의견이 상호작용 속으로 들어가면 점점 차이가 벌어진다. 그 이유는 반발심과 균형의 추구 때문이다.

✔ 부정을 부각시키는 긍정은 긍정 심리학이 아닌 긍정주의의 산물이다. 긍정 심리학은 부정에 대한 기존의 흐름도 중요하지만, 긍정에 대한 관심도 가져야 한다고 주장한다. 반면 긍정주의는 신자유주의와 신사상 운동에 근거한 것으로 부정을 무시하고 긍정만을 강요한다.

✔ 부정을 부각시키지 않고 긍정을 전달하려면 공감이 중요하다. 공감은 상대방의 감정을 인정한다는 것이지, 상대방의 행동에 동의한다는 것은 아니다.

✔ 긍정 심리학의 연구 결과가 삶에서 나타나려면 강요해서는 안 된다. 자발적으로 선택해야 하고, 지속적으로 실천해야 한다.

Chapter 3

왜 잘되라고
한 말에
화를 낼까?

• 비판의 역설 •

다 잘되라고
한 건데…

등록되어 있지 않은 번호로 전화가 온다. 여느 때처럼 문의 전화라 생각했다.

"누다심 선생님이신가요?"

수화기로 들리는 목소리는 약간 허스키했고, 낮은 톤이었다. 목소리만으로도 나이가 지긋한 남성이라는 것을 알 수 있었다. 평소 인터넷에서 내 강의와 글을 보고 있다가 이제야 용기를 내어 전화를 걸었다면서, 지금 잠시 통화가 가능한지를 물었다. 보통은 강의 의뢰나 간단한 답변으로 해결 가능한 문의 전화만 바로 응대하고, 상담을 원하면 센터를 통해 정식으로 신청하라고 안내한다. 하지만 이 전화는 그렇게 응대할 수 없었다. 목소리에서 조심스러움과 간절함을 느꼈기 때문이다. 하던 일을 멈추고 이야기를 듣기로 마음먹었다.

"어떤 일 때문이신가요?"

"실은 아들 놈 때문에 전화를 드렸습니다. 제가 어떻게 해야 할지 도저히 판단이 서지 않아서요."

그분의 이야기는 이렇다.

아들은 대학을 졸업하고 취직을 준비하는 중이다. 그런데 공기업에서 30년 이상을 일하고 이제 정년을 얼마 남겨 놓지 않은 자신이 보기에는 제대로 준비하는 것 같지 않아서 볼 때마다 잔소리를 했다. 공기업에 있다 보니 요즘 신입사원들이 얼마나 열심히 취직 준비를 했는지 직간접적으로 들었기 때문이다. 대학교에 입학하자마자 취직 준비를 한 이도 적지 않고, 또 좀 뒤늦게 준비했더라도 회사에서 원하는 스펙을 쌓기 위해 물불을 가리지 않고 노력하고 도전한 이들의 스토리는 정말 놀랍고 대단해 보였다. 만약 자신이 요즘 세상에 태어났더라면 도저히 감당하기 힘들었을 정도여서 혀를 내두를 때가 한두 번이 아니었다.

이런 이야기를 들을 때면 고등학생 때 게임에 빠져서 대학 입학도, 졸업도 겨우 마친 아들이 걱정되지 않을 수 없었다. 대학을 졸업하고 나서 취직 준비를 한다고 여기저기 돌아다니기는 하는데, 실제로는 제대로 하지 않는 것 같아 보였다. 아버지는 속상한 마음에 제대로 좀 하라고 여러 번 잔소리를 했다.

"그런데 며칠 전 안방 문을 열고 들어온 아들이 저에게 소리를 지르면서 아빠도 좀 맞아야겠다고 야구 배트로 위협을 하는 거 아니겠어요."

더 이상 말을 잇지 못하고 수화기 너머로 흐느낌이 들렸다. 나 역시 아무 말도 할 수 없었다. 아버지이기 이전에 한 사람으로서 느꼈을 놀람과 당황스러움, 공포와 불안이 전달되었기 때문이다.

그 아들은 왜 그랬을까? 두 아들의 아빠인 내가 나중에 이런 일을 겪는다면 어떨까? 생각만 해도 너무 마음이 아팠다. 조심스럽게 질문을 던졌다.

"그때 마음이 어떠셨어요?"
"많이 놀랐죠. 도대체 이게 무슨 일인가 싶었습니다. 그리고 아들에게 내가 모르는 무슨 큰일이 있는 것은 아닌지 걱정도

됐죠."

"아드님이 걱정되셨다고요?"

"네. 사실 그 당시는 좀 당황스러웠어요. 하지만 당황한 티를 내면 안 될 것 같아서 오히려 차분하게 아들을 앉으라고 하고 이유를 물었습니다."

◇ **한 아버지의 기막힌 사연**

아들이 아버지를 때리려고 한 이유는 무엇이었을까? 도대체 어떤 사연이 있기에 아버지에게 몽둥이를 휘두르려고 했을까? 아버지가 당시에 무섭다기보다는 당황한 것도 어쩌면 아들의 행동이 너무나 뜬금없었기 때문일 것이다. 그래서 놀란 마음을 가라앉히고 아들에게 물어보았다. 당신이 왜 맞아야 하는지를.

아들은 어렸을 적에 아버지에게 하루가 멀다 하고 질책하는 말을 듣거나 매를 맞은 것이 너무나 억울하고 분해서 아무것도 할 수가 없다고 했다. 취직 준비를 해야 하는데 자꾸만 옛날 생각이 난다면서 아버지를 좀 때리면, 자신이 아버지로부터 받았던 것과 똑같은 쓴소리와 비난과 욕설을 좀 하면 나아질 것 같았단다. 아들의 입에서 나온 이야기를 듣고 아버지는 너무나 당황스러웠다.

"저는 아들의 말이 쉽게 이해가 가지 않는데요, 아버지는 좀 어떠세요? 아들이 이렇게 말할 정도로 아버지가 심하게 대하셨어요?"

"선생님, 제가 아내와 15년 전에 사별했습니다. 5년 동안 투병 생활을 하다가 그렇게 먼저 갔죠. 아내의 투병 생활이 길어지면서 제가 아들에게 엄마 몫까지 한답시고 많이 혼내고 때리고 쓴소리를 좀 했어요. 그런데 아이가 이렇게 나올 줄은 전혀 몰랐어요."

아버지는 아들의 이야기를 다 듣고 나름의 항변을 하셨다. "다 너 잘되라고 그런 것이 아니냐", "아무리 그것이 상처가 되었더라도 어떻게 아버지에게 이럴 수 있느냐"고 하면서 타일렀다. 하지만 아들은 이유를 말했으니 아버지를 좀 때려야겠다며 옛날 아버지가 자신에게 그랬던 것처럼 엎드려뻗쳐를 시켰다.

아버지는 잠시 고민하다가, 그래 정 이렇게라도 해야 옛날 감정을 풀겠다면 맞아 주겠다면서 엎드렸다. 그리고는 한 대를 맞았는데, 20대 중반 아들의 몽둥이를 환갑이 넘은 아버지는 견디지 못하고 쓰러졌다. 쓰러져서 고통스러워하는 아버지를 보고 아들은 그대로 방을 나가서 집 밖으로 나갔다.

아버지는 아들이 나가고 나니 무섭기도 하고, 슬프기도 하고, 자신이 살아온 세월과 자식 하나 잘 키워 보겠다고 애썼던 시간이 너무 허무하게 느껴졌다. 그런데 이런 감정도 오래 가지 못했다. 집 밖으로 나간 아들이 문자를 보냈기 때문이다.

"오늘은 첫 날이니 한 대만 때린 거야. 아버지가 날 때리고 비난한 만큼 그대로 되돌려 줄 테니 그리 알아."

아버지는 아들의 문자를 받고 한동안 어떻게 해야 할지 몰라 고민하다가 나에게 전화를 한 것이다. 아들한테 맞았다는 이야기를 친구나 다른 가족에게 도저히 할 수가 없기에. 자신의 체면도 체면이지만, 그보다는 사람들이 아들을 이상한 사람으로 볼 것 같다는 마음이 더 크다고 했다. 그러면서 자신은 앞으로 어떻게 해야 하느냐고 물었다.

"아버지는 어떻게 하면 좋겠어요? 혹시 생각해 보신 것이 있으세요?"

"처음에는 아들이 쌓인 감정을 해소할 수만 있다면, 그래서 이제 남은 인생을 편하게 살게 할 수만 있다면 제가 몇 대 더 맞는 것도 괜찮다고 생각했습니다. 그런데 한편으로는 과연 몇 대 더 저를 때린다고 해결이 될지, 또 지금 저를 때리게 하는 것이 한편으로는 아이에게 더 큰 상처를 주는 것은 아닐지 생각하니 판단하기가 어렵네요."

나는 우선 어떤 경우에도 폭력을 허용해서는 안 된다고 단호하게 말씀드렸다. 직접 아들과 대화를 해 보지 않아서 정확하게 알기는 어렵지만, 과거 부모로부터 받은 상처를 해결하기 위해서 폭력을 행사하는 것은 가당치도 않은 일이고 효과적이지도 않다고 했다.

아들이 정말 상처를 치유하고자 하는 마음이 있다면, 아버지와 함께 상담센터를 찾아와서 심리상담을 받아야 한다고 했다. 만약 아들이 상담을 받으러 오지 않겠다고 한다면, 집에서라도 아들과 마주 앉아서 아들의 이야기를 끝까지 듣고 아버지의 마음도 잘 전달하라고 말씀드렸다. 대신 대화하기 이전에 폭력을 쓰면 경찰에 신고할 수밖에 없으니 폭력을 사용하지 말고 대화로 풀어 보자고 미리 말씀하시고, 혹시나 실제로 폭력을 쓰면 바로 신고하라고 신신당부했다.

아버지는 폭력을 더 이상 허용해서는 안 된다고 한 이야기에는 확실히 동의했다. 하지만 아들과 함께 상담센터를 방문하라는 이야기나 집에서라도 대화로 풀어 보라는 이야기에는 자신이 없다고 했다.

사실 아들이 중학생 때까지는 잔소리도 많이 하고 매도 자주 댔는데 고등학생 때부터는 비록 성적은 좋지 않았지만 자기 할 일을 혼자 잘하는 것 같아서 간섭을 안 했단다. 이렇게 대학을 졸업할 때까지 함께 살면서도 별 대화가 없었고, 최근에야 취직 준비를 제대로 하지 않는 것 같아 잔소리를 시작했을 뿐이었다. 이런 상황에서 이제 와 아들이 마음을 열어서 자신과 대화를 하겠느냐는 것이었다.

"어쨌든 선생님 고맙습니다. 이렇게 귀한 시간 뺏어도 되는지 모르겠습니다. 다음에 꼭 찾아뵙도록 하겠습니다."

◇ **부메랑이 된 잔소리**

전화를 끊고서도 마음이 좋지 않았다. 부모의 사랑과 관심이 필요한 나이에 엄마는 투병 생활을 시작했고 아빠는 직장과 집안일을 모두 돌봐야 해서 정신없이 바빴다. 그때 아들은 어떤 마음이었을까? 아버지는 걱정스런 마음에 잔소리를 하고 매도 댔지만 아들은 아버지의 마음을 느끼기보다는 매질과 잔소리를 견디면서 분노와 복수심에 치를 떨지는 않았을까.

또 아버지 마음은 어떠할까? 아픈 아내 몫까지 대신해 모든 일을 감당해야 했던 책임감, 어떻게든 아이에게 엄마의 빈자리가 느껴지지 않게 하려고, 혹은 주변 사람들에게 '어미 없는 자식'이라는 이야기를 듣지 않게 하려고 애써야 했던 시간들이 얼마나 힘들었을까? 이제 자녀 양육의 마지막 관문이라고 할 수 있는 취업을 남겨 두고 더 잘 해 보라고, 더 노력하고 준비하고 애써 보라고 한 잔소리가 사랑하는 아들의 손에 몽둥이를 쥐여 준 꼴이니.

심리학자로서 많은 이들을 만나 삶의 이야기를 듣다 보면 기가 막힌 경우가 많지만, 이 일은 특히 가슴에 오래 남을 것 같다. 아버지의 입장과 아들의 입장을 모두 이해할 수 있기 때문이다. 부디 저 부자가 마주 앉아서 대화를 통해 서로의 마음을 확인할 수 있기를.

잔소리에는
원래 사랑이 없다

—

　요즘에는 사회적으로 아동 학대에 대한 경각심이 높고, 학교에서도 아이들에게 폭력과 학대에 대한 예방 교육을 하고 있다. 그만큼 부모도 아이에게 매를 대는 일이 전보다 많이 줄었다. 학교도 마찬가지다. 전에는 선생님께 매를 맞는 일이 많았고 당연하게 여겨졌지만, 이제는 교사가 아이들을 매로 다스리려고 하지 않는다. 교사 입장에서는 학부모의 항의와 학생의 반발도 걱정이겠지만, 한편으로는 체벌의 효과에 의구심이 들기 때문이다.

　체벌이 허용되던 시기에는 신체적 고통을 가하면 상대가 더 분발하고 잘할 것이라고 생각했다. 하지만 이런 효과보다는 역효과가 더 크게 나타났다. 오히려 더 위축되고 긴장해서 평소 실력도 발휘하지 못하게 된 것이다. 더 이상 '사랑의 매'라는 표현으로 체벌은 정당화되지 않는다.

그런데 엄밀히 따지면 상대를 망치는 원인은 신체적 고통이 아니다. 신체적 고통은 중립적이다. 신체적 고통을 싫어하고 피하는 경우도 있지만, 때에 따라서는 이와 반대로 신체적 고통을 즐기고 추구하는 경우도 있다. 자신에게 스스로 신체적 고통을 가하는 사람들은 의외로 많다. 대표적인 경우가 과도한 운동이다. 건강을 위해서 적절히 운동하는 것이 아니라 도가 지나쳐서 건강 유지라는 이유로는 설명하기 힘들 정도로 운동에 집착하는 것이다. 어쩌면 신체를 고통스럽게 만드는 것 자체가 목적이라고 할 수 있다.

자신에게 고통을 가하는 또 다른 경우는 자해다. 여기서 말하는 자해란 자살을 목적으로 하는 것이 아니다. 자신을 스스로 처벌하거나 고통스럽게 하는 것을 목적으로 하는 행동을 말한다. 자해라고 하면 많은 이들은 칼로 손목을 긋고 피를 보는 행동을 떠올리겠지만, 이보다 더 많은 경우는 주먹으로 자신을 때리는 것이다. 얼굴이나 가슴 등을 때리면서 스스로에게 고통을 가한다. 보통은 자신을 비난하는 마음 때문에 스스로에게 매질을 하는데, 심리상담을 통해서나 시간이 지나서 자신을 비난하는 마음이 사라지더라도 자신에 대한 매질을 멈추지 않는 사람들이 많다.

이외에도 생명의 위협과 신체적 고통을 당연히 여기면서 오지를 탐험하는 사람들이나 격투기처럼 신체적 고통을 직접 겪는 운동을 하는 사람들도 스스로에게 신체적 고통을 가한다고 볼 수 있다.

사람에게는 자극을 추구하는 경향이 있다. 고통 자체가 즐겁지는 않지만, 아무런 자극이 없거나 자신이 원하는 만큼의 자극이 오지 않는 상황보다는 차라리 고통스러운 상황을 선호한다. 이는 단지 심리적 해석이 아니다. 뇌의 화학물질로도 설명할 수 있다. 신체적 고통을 겪을 때 뇌는 그 고통을 보상하기 위해 도파민과 같은 신경전달물질을 더 많이 내보낸다. 그래서 이완과 행복감을 느끼는 것이다. 이런 면에서도 신체적 고통은 중립적이다.

신체적 고통이 상대를 망치는 직접 원인이 아니라면, 상대를 망치는 것은 무엇일까? 바로 말 때문이다. 체벌을 가하며 상대방에게 쏟아내는 거친 말들, 즉 비난과 쓴소리, 질책, 충고 등 지나치게 꾸짖는 잔소리가 상대를 고통스럽게 한다.

"왜 그렇게 이기적이니? 그러면 사람들이 널 싫어해!"

"역시 넌 그럴 줄 알았어. 기대한 내가 바보지."

"그런 식으로 해서 앞으로 뭐가 되겠니?"

"그러니까 네가 그 모양이지. 앞으로도 계속 그럴 거야?"

"너 같은 애는 누구도 좋아하지 않아!"

물론 드물게는 상대가 잘못되기를 진심으로 바라고 원해서 이런 말을 하는 사람도 없지는 않을 것이다. 하지만 이와 반대로 상대가 잘 되기를 바라는 마음에, 실패를 딛고 성공으로 나아가기를 바라는 마음으로 이런 말을 했다면? 그런데도 의도와 달리 오히려 실패하거나 엇나간다면, 이 상황을 어떻게 이해해야 할까? 잘 되라고 따끔하게 질책하고 충고하고 쓴소리를 했는데, 오히려 상대는 그 마음을 알아주기는커녕 이를 지나친 잔소리로 받아들이고, 결국 상대를 망치는 결과로 이어지는 상황은 우리 주변에서 꽤 자주 일어난다.

부정은 부정을 낳고
긍정은 긍정을 낳는다

———

잔소리의 역효과 현상을 잘 설명해 주는 심리학 개념으로 자기충족적 예언Selffulfilling Prophecy 이 있다. 자기충족적 예언이란 누군가에게 부정적 기대를 받거나 잘못된 예언을 들었을 때 의식적으로는 그 기대와 예언을 따르려고 하지 않더라도, 결국에는 그 영향을 받아 기대와 예언을 스스로 성취시키는 현상을 말한다.

자기충족적 예언으로 설명할 수 있는 이야기는 꽤 많다. 대표적으로 소포클레스Sophocles 의 비극인 오이디푸스 이야기를 들 수 있다.

◇ 오이디푸스의 비극

아들을 얻고 기뻐하는 테베의 왕 라이오스에게 한 예언자가 아들 때문에 왕국이 멸망한다는 끔찍한 예언을 했다. 너무 놀란 나머지 왕과 왕비는 믿을 만한 하인에게 아기를 주면서 무조건 죽이라고 시켰다. 그러나 왕궁에서 아기를 안고 나온 하인은 차마 죽이지는 못하고 들판에 버렸다. 이때 한 목동이 아기를 발견하고는 오이디푸스라는 이름을 지어 주고 자신의 아들로 삼으려고 했다. 그런데 상황이 여의치 않자 목동은 멀리서 가축 떼를 몰고 온 다른 목동에게 아이를 주었고, 이 목동은 아이를 데리고 가서 코린토스의 왕 폴리버스에게 주었다. 이렇게 해서 오이디푸스는 출생의 비밀을 모른 채 코린토스의 왕자로 자랐다.

이후 오이디푸스는 자신이 폴리버스의 아들이 아니라는 소문을 듣게 되었다. 이를 확인하기 위해 아폴로 신전의 한 예언자를 찾아갔다. 그 예언자는 오이디푸스의 생부가 누구인지 확인해 주지는 않고, 오이디푸스가 아버지를 죽이고 어머니를 범할 운명을 타고났다는 예언을 했다. 충격적인 예언을 들은 오이디푸스는 자신의 운명을 피하기 위해 코린토스를 떠나기로 했다. 그는 길을 가던 중 한 노인을 만나 시비 끝에 그를 죽이고 마는데, 그 노인은 테베의 왕이자 자신의 친부인 라이오스였다.

이 사실을 알 리 없는 오이디푸스는 길을 계속 가다가 테베를 저주에 빠뜨린 스핑크스를 만났다. 스핑크스는 지나가는 사람에게 수수께끼를 내서 맞히지 못하면 잡아먹었다.

"아침에는 다리가 네 개, 오후에는 두 개, 저녁에는 세 개인 생물은 무엇인가?"
"사람이다."

이 수수께끼를 맞힌 사람은 그동안 아무도 없었다. 그런데 오이디푸스가 맞히자 스핑크스는 자신의 수수께끼가 풀렸다는 사실에 절망한 나머지 스스로 절벽 아래로 몸을 던졌다. 스핑크스를 물리친 대가로 오이디푸스는 테베의 왕으로 추대되었고 자신의 친모인 왕비를 아내로 맞았다.

오이디푸스는 자신을 향한 예언을 성취하지 않으려고 애썼지만, 놀랍게도 그 노력이 예언을 성취하게 만들었다. 이처럼 타인으로부터 받은 기대와 예언이 미치는 영향은 강력하다. 혹시 오이디푸스의 이야기가 객관적이고 과학적인 사실이 아니라 문학 작품이라서 믿기 어렵다고 생각하는가? 그렇다면 이번에는 유명한 심리학 실험 하나를 살펴보자.

◇ **로젠탈의 희극**

미국 하버드 대학교의 심리학자 로젠탈Robert Rosenthal은 샌프란시스코에 위치한 어느 초등학교 교장이었던 제이콥슨Lenore Jacobson과 함께 교사의 기대가 학생들에게 실제로 영향을 미치는지 알아보는 실험을 진행했다.

우선, 학기 초에 학생들을 대상으로 지능검사를 실시했다. 그리고 담임교사에게 일부 학생의 이름이 적혀 있는 종이를 주면서 지능검사 결과 잠재력이 뛰어난 아이들이라고 알려 주었다. 그리고 이 사실을 학생이나 학부모에게는 알리지 말고 지도할 때 참고만 하라고 했다.

그런데 이 명단은 지능검사 결과와 무관하게 무작위로 뽑은 것이었다. 다만 교사에게 이것을 믿게 해서 교사의 기대가 학생들에게 영향을 미치는지 알아보려고 한 것이다. 당연히 교사는 심리학자와 교장의 말을 믿었기에 명단의 아이들을 볼 때마다 지적 능력이나 학업에서 좋은 성과를 보일 것이라고 생각하게 되었다.

교사의 기대는 정말 효과가 있었을까? 결과는 놀라웠다. 8개월 후 이 아이들의 지능을 검사해 보니 처음과 비교해서 무려 24점이나 올랐으며 대인 관계 측면에서도 다른 아이들에 비하여 뚜렷한 향상을 보였다.

어떻게 이런 일이 일어날까? 사람에게는 스스로 알아차리지 못하는 마음이 있다. 어떤 이는 이를 무의식이라 하고, 또 다른 이는 잠재의식이라 한다. 그 표현이 어떻든 우리의 마음에는 언제나 의식 가능하고 논리와 합리의 영향을 받는 부분도 있지만, 의식하기 어렵고 감정의 영향을 받는 부분도 있다. 의사소통도 마찬가지다. 나의 생각과 말에 의도를 담아 분명히 전달하는 언어적 의사소통도 있지만, 나의 무의식과 감정의 영향을 받는 비언어적 의사소통도 있다.

이런 면에서 잠재력이 뛰어나다고 생각한 아이들을 대할 때와 그렇지 않은 아이들을 대할 때 교사의 말투와 표정은 분명히 달랐을 것이다. 뛰어난 아이들에게는 보다 친절하고 온화하게 대하면서 학생의 실패도 성공하기 위한 과정이라고 생각하며 기다려 주었을 것이다. 이것이 아이들에게 좋은 영향을 미쳤다고 할 수 있다.

우리는 자신에게 향하는 타인의 부정적 기대나 긍정적 기대로부터 자유로울 수 없다. 부모나 배우자의 기대와 걱정, 교사나 친구의 격려나 비판, 전문가의 칭찬이나 날선 비판 역시 마찬가지다. 오이디푸스 이야기에서는 분명한 부정적 예언이, 로젠탈의 실험에서는 교사의 비언어적인 긍정적 기대가 영향을 미쳤다.

이처럼 오이디푸스의 이야기나 로젠탈의 실험처럼 부정적 예언이 부정적 결과로, 긍정적 기대가 긍정적 결과로 이어지는 것은 이해할 수 있다고 치자. 그런데 분명히 잘 되라는 의도와 기대를 담아 하는 잔소리는 왜 역효과를 내는 걸까?

지나친 잔소리의
세 가지 역효과

———

　잘 되라는 마음으로 한 잔소리가 역설적으로 상대를 망치는 이유는 세 가지다.

　첫째, 상대의 부정적 감정, 즉 공포와 불안을 자극한다.
　둘째, 의도치 않게 상대의 좋지 못한 행동을 강화한다.
　셋째, 상대를 더 수동적으로, 더 무책임하게 만든다.

　신입사원이 처음 만든 기안 문서에서 오타나 실수를 발견하면, 대부분의 상사는 처음이니까 그럴 수도 있지 생각하며 차분하게 알려 줄 것이다. 상사의 피드백을 받은 후 신입사원이 수정했다면서 다시 가져왔으나 여전히 틀린 부분이 있다면, 그리고 이런 일이 몇 차례 반복된다면 상사는 뭐라고 할까? 핀잔을 주고, 쓴소리를 하고 지적을 하면서 잔소리를 할 수 있다.

"이런 식으로 하다가는 회사 생활 오래 못한다."
"일 잘할 줄 알고 뽑았는데 실망이다. 이래서야 앞으로 바뀔 수 있겠어?"
"정신 똑바로 차려라! 회사에 놀러 왔니?"

이런 잔소리를 하는 직장 상사의 마음은 무엇일까? 물론 일부러 신입사원 마음에 상처를 주고 입사한 지 한두 달 안에 스스로 직장을 나가게 하려는 악한 상사도 있겠지만, 대부분은 이런 따끔한 충고로 정신을 바짝 차리게 해서 실수를 줄이게 하려는 선한 상사일 것이다. 자기 밑에 있는 부하 직원이니까 더 잘하기를 바라는 마음이 아니겠는가.

직장에서뿐만이 아니다. 가정에서도 부모는 자식에게 도움이 된다 생각하니 충고와 잔소리를 일삼는다. '입에 쓴 약이 몸에는 좋다'는 생각에, 그리고 밖에 나가서 욕을 먹게 하느니 차라리 부모인 내가 먼저 욕을 하고 바로잡겠다고 생각하며 밤낮으로 잔소리를 해댄다. 학교 동아리에서도 선배가 후배에게 더 잘해 보자는 취지로 잔소리를 한다. 하지만 어떤 의도를 가지고 말했든 상대에게 그 마음이 제대로 선달되지 않는다면 무슨 소용이랴. 비난과 잔소리를 듣는 사람이 다음처럼 생각한 다면 불안과 공포 같은 부정적 감정에 사로잡힌다.

'나를 비난하네.'
'내가 싫어서 저렇게 말하는 거야.'
'내가 실패하기를 바라나 보다.'
'나는 역시 아무것도 못 하는 인간이야.'
'나는 실패자야.'

◇ **1. 불안 심리를 자극한다**

이처럼 불안과 공포 같은 부정적 감정은 잘하라는 의도와는 정반대의 효과를 초래한다. 공포와 불안에 사로잡혀서 더 긴장하기 때문이다. 적절한 긴장은 개인의 실력을 최고로 발휘하게 하는 원동력이지만, 지나친 긴장은 오히려 그 반대다.

정말 그런지 의구심이 드는가? 군 생활을 경험한 사람은 긴장을 풀지 않는 것이 실수와 실패를 줄이는 최선의 방법이라는 것을 안다. 군대처럼 집단으로 생활할 때, 그리고 소수가 다수를 통제해야 하는 상황에서는 그럴 수 있다. 한두 사람이 웃고 떠들고 장난치기 시작하면 집단 전체가 통제 불능 상태에 들어

가기 때문이다. 그러나 지나치게 긴장하면 사격장이나 수류탄 훈련장에서 더 큰 사고가 난다는 것은 잘 알려진 사실이다.

심리학자들은 긴장, 즉 각성이 아주 높지도 않고 아주 낮지도 않은 최적의 상태일 때 수행력이 최고로 발휘될 수 있음을 발견했다. 최고의 수행이 가능한 각성 상태를 최적 각성 수준Optimal Level of Arousal 이라고 한다. 군대에서 상관이 부하들에게 긴장하라고 압박하더라도 부하들은 다수이기 때문에 함께 그 압박을 이겨 내거나 버텨 낼 수 있다. 그런데 일상생활에서의 잔소리나 비난은 대부분 일대일 관계에서 일어난다. 따라서 잔소리와 비난을 통해 유발되는 긴장과 불안은 적절한 수준을 넘어서는 스트레스 상황이기 때문에 오히려 수행력을 떨어뜨린다.

흥미로운 것은 과제의 난이도에 따라 최적 각성 수준이 달라진다는 사실이다. 쉬운 과제에서는 많이 긴장할수록 수행력이 좋아지지만, 어려운 과제에서는 그 반대다. 즉, 어려운 과제일수록 더 편안한 상태여야 더 잘한다. 회사의 일이란 상사에게는 쉽지만 신입사원에게는 어렵게 느껴진다. 따라서 상사는 '이렇게 쉬운데 이걸 못해? 정신 차리게 해 줘야겠네' 생각하면서 비난과 잔소리를 더 많이 하고, 신입사원은 '너무 헷갈리고 어려운데 못했다고 욕까지 하네. 미치겠다. 뭘 어떻게 해야 할지 모르겠어' 생각하면서 더 못하게 된다.

◇ **2. 잘못된 행동을 강화한다**

둘째로, 지나친 잔소리는 상대방의 잘못된 행동을 강화할 수 있다. 강화란 상대가 어떤 행동을 더 자주하도록 만드는 일련의 과정이다.

맞벌이를 하느라 자식들과 평소에 함께 시간을 보내기 어려운 부모가 있다고 하자. 이 부모에게는 자녀 둘이 있다. 아이들은 학교가 끝나면 돌봄 교실이나 방과 후 교실에 있다가 저녁이 되면 근처 편의점에서 간단히 끼니를 때우고 학원으로 갔다가 밤늦게 집으로 돌아온다.

부모는 하루 종일 일하느라 피곤해서 아이들을 얼른 씻기고 재우고 싶을 것이다. 하지만 아이들에게 부모란 세상의 전부이다. 부모에게 인정받고 사랑받는 것이 인생 최대의 목적인 아이들은 하루 종일 못 본 부모를 만났으니 쉽게 잠자리에 들려고 하지 않는다. 그래도 부모를 피곤하게 하고 싶지 않아서 두 아이는 조용히 책을 읽는다. 부모는 한편으로는 미안하고 한편으로는 고마운 마음이 있지만 집안일이 바빠 표현하지 못한다. 부모의 이런 마음을 알 리 없는 아이들은 자신들에게 신경 쓰지 않는 부모에게 섭섭함을 느낀다.

만약 이런 상황에서 두 아이가 싸운다면 어떤 일이 일어날까? 부모는 비로소 하던 일을 멈추고 아이들에게로 달려와서 혼을 내거나 잔소리를 하면서 눈을 맞춘다. 부모의 화가 무섭고 힘든 부모를 더 힘들게 한 것 같아서 미안한 마음은 들지만, 그래도 아이는 하루 종일 기다렸던 부모와 마주하는 것이 행복하다. 어쨌든 무관심보다는 관심이 더 낫다. 비록 그 관심이 잔소리와 비난, 혼나는 것을 동반할지라도 말이다.

이처럼 잘할 때는 부모의 관심을 못 받고 잘하지 못할 때는 부모의 관심(잔소리)을 받는다면, 아이들은 점점 더 못하고 실패하는 반응을 보이게 된다. 이런 과정은 의식적으로 일어나는 것이 아니라 자연스럽게 일어난다.

혹시 이해하기 어렵다면 이렇게 생각해 보자. 당신이 가장 좋아하는 연예인이 누군가? 보기만 해도 기분이 좋고 말이라도 걸 수 있다면 너무나 행복할 것 같은 사람을 떠올려 보라. 그 연예인이 당신 앞에서 세 종류의 반응을 할 수 있다고 가정해 보자. 세 종류의 반응은 사랑과 애정 표현, 무관심과 모른 척, 쓴소리와 짜증이다. 이 셋 중 당신이 원하는 것은 무엇인가? 당연히 첫 번째일 것이다.

만약 첫 번째 반응을 절대 해 주지 않는다면, 나머지 둘 중 무엇이 더 나을까? 무관심과 모른 척일까? 아니다. 내가 싫어하는 사람이나 별로 상관없는 사람이라면 그렇겠지만, 내가 정말 좋아하는 사람이라면 내게 아무 관심을 보이지 않는 것보다는 쓴소리를 하고 짜증을 내더라도 어쨌든 관심을 보여 주기를 원한다.

아이들에게 부모는 연예인 이상의 존재다. 세상의 모든 것이다. 그렇기에 부모가 아무리 좋은 의도로 충고와 잔소리를 하더라도 때로는 자녀의 부정적 행동을 강화시킬 수 있다.

◇ 3. 무책임하게 만든다

마지막으로, 지나친 잔소리는 상대방을 수동적이고 무책임하게 만든다.

상대방을 위한다며 쓴소리나 충고, 질책을 하는 사람들이 바라는 것은 무엇인가? 상대가 자신의 일에 책임감을 가지고 적극적으로 수행하기를 기대한다. 물론 초반에는 정확한 방향과 방법을 알려 줄 필요가 있다. 그러고 나면 그다음은 상대방에게 맡겨야 한다. 직접 시행착오를 겪으면서 스스로 고민하고 책임감을 느껴야 더욱 더 열심히 하게 된다. 이때 끊임없이 간섭과 지시를 하면 자신의 일인데도 수동적 태도를 갖게 된다. 당연히 책임감도 갖기 힘들다.

이런 상황이 가장 빈번하게 발생하는 장소는 가정이다. 많은 부모들은 자녀가 가능한 한 실패를 겪지 않기를 원한다. 그래서 실패 상황이 오기 전에 자녀를 닦달한다. 밥을 먹어라, 잠을 자라, 공부해라, 씻어라 등 잔소리가 끊이지 않는다. 아이들에게는 왜 밥을 먹어야 하는지, 왜 잠을 자야 하는지, 왜 공부를 해야 하고, 왜 씻어야 하는지 고민할 기회조차 주어지지 않는다. 그저 시키는 대로 하는 수동형 인간이 된다. 그래서 때가 되면 부모가 알려 주겠거니, 부모가 챙겨 주겠거니 생각한다.

질책과 잔소리를 하는 부모의 마음은 이를 통해 자녀가 자신의 일에 책임감을 가지고 더 열심히 살기 바라는 것이겠지만, 역설적으로 자녀는 자신의 삶에 더 무책임해지고 수동적인 태도를 가지게 된다.

잔소리 대신
'괜찮다'고 말하자

—

정말 상대가 잘 되기를 바란다면 이렇게 말해 주자.

"괜찮아. 다시 잘해 보자."

"괜찮아. 누구나 부족한 부분은 있는 법이지."

"괜찮습니다. 단지 다음에는 실수만 줄이면 좋겠어요."

"괜찮아. 최선을 다했잖아."

어떤 이들은 괜찮다고 해 주면 상대가 정말 괜찮은 줄 알고 노력하지 않아서 결국 실패를 반복할 것이라고 걱정한다. 그러나 괜찮다는 말은 실패하고 실수해도 좋으니까 앞으로도 계속 그렇게 해도 된다는 의미가 아니다. 괜찮다는 말은 크게 두 가지 의미를 내포하고 있다.

우선, 상대방이 실수하거나 실패했다는 사실을 내가 분명히 알고 있다는 것을 포함한다. 즉, "괜찮아" 앞에는 '네가 지금 실수하고 실패했지만'이라는 말이 생략되어 있는 것이다. 생각해 보라. 잘하고 있는 사람, 성공한 사람에게는 "최고야", "잘하고 있어"라고 말하지 "괜찮아"라고 말하지는 않는다.

또한 괜찮다는 말은 상대방을 질책하거나 비난하지 않겠다는 의미를 포함하고 있다. 때로는 상대가 조금 더 나아질 수 있도록 질책과 쓴소리를 할 필요도 있다. 그러나 이때도 구체적인 행동에 대해서만 말해야 한다. 정확하게 상대방의 어떤 행동이 문제인지 이야기해야 한다. 그런데도 많은 사람이 상대방의 행동이 아니라 존재 자체나 인격을 비난하는 실수를 한다. 듣는 사람 역시 자기의 행동에 대한 지적이 아니라 자기 자신에 대한 비난으로 받아들이기 쉽다. 자신의 존재 자체를 부정하는 것으로 받아들이기에 부부는 이혼을 선택하고, 부모자녀 관계는 깨지고, 부하 직원은 사표를 던진다.

이런 의미에서 실수하고 실패한 사람에게 괜찮다고 말해 주는 것은 너의 실수와 실패를 분명히 알고 있지만 너를 질책하거나 비난하지 않겠다고 말하는 것이다.

◇ '괜찮다'가 성적을 올리고 적성을 찾아준다

실패하고 실수한 상황에서 괜찮다는 말을 들으면 이후에 실패와 실수를 반복할 가능성보다는 더 잘하고 성공할 가능성이 높아진다. 그 이유는 무엇일까? 앞서 언급한 최적 각성 수준 때문이다. 비난과 질책을 받았을 때에 비해 마음이 편안하고 안정되어 수행력도 올라간다.

만약 실패를 겪거나 실수를 하고도 긴장하지 않는다면 최적의 각성 수준으로 끌어올리기 위해 쓴소리를 할 필요도 있겠지만, 대부분의 경우 실패하거나 실수하면 긴장과 불안으로 각성 상태가 높아지기 때문에 "괜찮다"는 말로 마음을 편안하게 해 주어야 한다. "괜찮다"는 마음을 편하게 해 주는 것은 물론 자신이 진정으로 원하는 것이 무엇인지 고민하게 해 주고 그것을 선택하게 한다.

낮은 시험 성적을 받아 온 자녀에게 부모는 어떻게 말해야 할까?

"괜찮다. 공부 잘해서 성공하는 세상은 끝났다더라. 그것이 공부든 아니든 네가 정말 원하고 좋아하는 것을 찾아봐라."

이렇게 말해 준다면 자녀는 자신이 정말 하고 싶거나 잘하는 것이 무엇인지 진지하게 고민하고 찾아보게 될 것이다. 이런 과정을 통해 자신이 원하는 것을 발견한다면 당연히 잘하게 되지 않겠는가.

어느 날 갑자기 잘 다니던 직장에서 퇴직한 배우자가 새로운 일자리를 구하려고 애쓰지 않는 것처럼 보일 때도 답답하다고 비난하거나 짜증을 내기보다는 "괜찮다"고 말하는 것이 좋다. 비난하거나 짜증을 내면 당장에는 잔소리가 듣기 싫어서 일단 집을 나가 일을 구하려고 할 것이다. 단기적으로 보면 잔소리의 성공처럼 보이겠지만, 장기적으로는 실패할 확률이 높아진다. 당장 잔소리를 듣지 않기 위해서 일단 아무 일이나 시작할 테니 말이다. 섣부른 결정은 늘 후회가 따르는 법이다. 충분히 정보를 수집하고 고민해서 제대로 된 직장을 구하게 하려면 마음을 편하게 해 주는 것이 우선이다.

사회성이나 지적 능력이 심각하게 떨어지지 않는다면 학생은 공부를 잘하고 싶어 하고 성인은 돈을 많이 벌고 싶어 한다. 이런 사람에게는 잔소리가 독이 된다. 낮은 성적을 받은 학생에게 괜찮다고 말해서 정말로 이후로도 공부를 안 한다면, 이 학생의 재능은 공부가 아닌 다른 쪽에 있는 것이다. 직장을 구하지 못한 배우자에게 그래도 괜찮다고 말해서 배우자가 정말 자신은 놀아도 괜찮다고 생각한다면 빨리 헤어질 생각을 해야 한다. 하지만 대부분은 그렇게 말해 주는 배우자에게 고맙고 미안한 마음을 느끼게 된다. 그래서 더 열심히 일을 구하려고 하지 않겠는가!

괜찮다는 말은 이렇게 주변 사람의 영향에서 벗어나 자기 스스로가 원하는 삶을 찾게 하고 원하는 것을 선택하게 한다. 자신의 삶을 능동적으로 마주하게 하고, 자신의 행동에 책임감을 갖게 만든다.

아들에게 매를 맞게 된 아버지의 이야기를 떠올려 보자. 만약 아버지가 아들이 어렸을 때에 질책이나 쓴소리가 아니라 "괜찮다"고 말해 주었더라면 어떻게 되었을까? 과연 아들은 지금보다 더 실패했거나 이상해졌을까? 자신의 삶을 책임지지 않으려고 하는 사람이 되었을까? 결코 현재보다 더 나빠지지는 않았을 것이다. 오히려 아버지의 사랑을 느끼면서 누구보다 아버지를 사랑하는 아들, 어머니의 빈자리를 어떻게든 채워 주려고 노력하는 효자가 되었을 것이다.

◇ '괜찮다'고 말해도 괜찮다!

요즘에는 우리나라에도 은둔형 외톨이가 늘고 있다. 집 밖으로 나가지 않는 것은 물론, 자기 방 안에서도 나오지 않고 생활하는 이들이 많다. 그런데 은둔형 외톨이들은 비슷한 특징이 있다. 어린 시절에는 강압적인 부모의 양육 방식 때문에 실수와 실패 상황에서 자주 비난과 쓴소리를 들었으며, 다 커서는 밥과 빨래, 청소까지 모두 대신해 주는 부모의 돌봄을 받으면서 산다는 것이다.

부모 입장에서는 자신들이 자식에게 상처를 주었다는 생각에 미안해서 이렇게 잘해 주는 것이겠지만, 아이러니하게도 부모의 이런 태도가 오히려 자식을 더 은둔형 외톨이로 만든다. 자신에게 필요한 모든 것이 제공되니, 굳이 두렵고 불안한 방 밖으로 나갈 이유가 없지 않은가. 이런 자녀 때문에 고민하는 부모님을 만나면 나는 단호하게 말한다.

"돌봐 주지 마시고 자녀가 독립해서 혼자 살게 할 방법을 고민해야 해요."

그러나 이 조언을 제대로 받아들이는 부모님은 없다. 당장 자녀의 끼니 걱정 때문이기도 하고, 자신들을 돌봐 주지 않으면 죽어 버리겠다는 협박 때문이기도 하다. 결국 다 자란 성인 자녀가 은둔형 외톨이가 된다면 뾰족한 수가 없다.

그래서 더더욱 부모들은 자녀가 성인이 되기 전 "괜찮다"고 말해 주어야 한다. 물론 자녀가 아주 어릴 때, 즉 사리분별이 안 될 때는 쓴소리가 필요하다. 때로는 질책도 필요하다. 성공과 실패를 제대로 구별하지 못하는 어린 아이에게 "괜찮다"는 말은 무책임하다. 그러나 실패 앞에서 좌절을 느끼는 자녀라면, 부모가 할 수 있는 말은 "괜찮다"뿐이다.

직장에서도 마찬가지다. 부하가 성공과 실패를 구별할 수 있게 되면, 상사는 실수한 부분, 잘 모르는 부분에 대해 정확하게 알려주면서 "괜찮다"고 말해야 한다. 필요 이상의 쓴소리와 비난 등의 잔소리는 오히려 부하 직원을 더 위축시킬 뿐이다.

경제적으로 무능력 상태에 빠진 배우자에게 필요한 것도 잔소리가 아니라 "괜찮다"는 말이다. 우리 모두 서로에게 "괜찮다"라고 말해 주자. 괜찮지 않을 이유가 있겠는가!

▾ 사랑하는 사람에게 잘되라는 의도를 가지고 지나친 잔소리를 하는 경우가 있다. 비난과 쓴소리, 꾸중, 질책, 충고 등이 이에 해당한다.

▾ 그 의도대로 잔소리를 잘 듣고 소화하면 더 분발하고 열심히 해서 성공하고 잘 될 수 있다. 그러나 의도와는 정반대로 상대가 더 크게 실패하거나 상처를 받는 경우도 많다.

▾ 대체로 긍정적인 기대는 긍정적인 결과를 낳고 부정적인 기대는 부정적인 결과를 낳지만, 긍정적인 기대라도 부정적인 형태로 전해지면 부정적인 결과를 초래한다.

▾ 잔소리가 역효과를 낳는 이유는 상대에게 부정적 감정을 일으키고, 잘못된 행동을 강화하며 상대를 수동적이고 무책임하게 만들기 때문이다.

▾ 상대가 잘 되기를 바란다면 잔소리 대신 "괜찮다"고 말하자. "괜찮다"는 말은 실수나 실패했음을 알지만, 질책하거나 비난하지 않겠다는 의미를 내포하고 있다.

▾ "괜찮다"고 말해 주면 자신의 실력을 최고로 발휘할 수 있는 편안한 마음이 되게 하며, 자신이 원하는 것이 무엇인지 고민하고 자신의 삶을 능동적으로 마주해서 책임감을 갖게 한다.

Chapter 4

공부를 하는데도
성적이
떨어지는 이유

• 배움의 역설 •

우리 아이 머리가
나쁜 건 아닐까?

—

"넌 도대체 왜 그 모양이야? 계속 가르쳐 줬는데도 모르 겠어? 집중을 안 하는 거야, 아니면 머리가 나쁜 거야? 내가 너라면 백 점은 백 번도 더 받았겠다! 넌 학교에서도 배우고, 학원에서도 배우고, 엄마한테도 배우는데 점점 모르는 게 많아지면 어떡해? 이게 말이 되니! 아휴 속 터져!"

무승은 초등학교 5학년 학생이다. 5학년부터 갑자기 어려워진 수학 때문에 보습 학원에 다니기 시작했다. 학교나 학원에서 수업 시간에 딴청을 피우지 않고 집중을 잘하는 편이지만 시험을 보면 점수가 형편없다. 엄마는 아들을 학교와 학원에만 맡겨 둘 수 없다는 생각에 문제를 풀다가 모르는 것이 있으면 자신에게 물어보라고 말해 두었다. 아들이 물을 때 엄마는 열심히 설명하고 알려 주지만, 정작 문제를 제대로 풀지 못하니 자주 화가 폭발한다.

사실 무승 엄마는 고등학생 때부터 수포자(학창 시절에 수학을 포기한 사람)였다. 아들을 자신 같은 수포자로 만들지 않겠다고 결심했다. 수학을 포기하는 바람에 자신이 원하는 대학에 가지 못한 것이 한이 되었기 때문이다. 그러나 아들의 수학 공부를 도와주는 일은 쉽지 않았다. 엄마에게도 5학년 수학은 어려웠다. 그도 그럴 것이 예전에는 단순 연산 문제가 많았다면, 요즘 초등학교 수학은 서술형 문제가 주를 이루고 있다. 아들을 위해서 엄마도 아들의 교과서와 문제집으로 공부하기 시작했다. 처음에는 어려웠지만 하나씩 알아 갈수록 재미가 붙었다.

'학창 시절에는 그렇게도 재미없고 모르겠더니, 이제야 공부가 재밌네.'

엄마는 아들에게 매일 수학 문제집을 풀게 한다. 학교나 학원 숙제가 없는 날에도 말이다. 아들이 풀었다고 가져온 수학 문제집을 채점하노라면 틀린 문제가 얼마나 많은지 빨간 비가 내리는 것 같다. 엄마는 속에서 나는 불을 가라앉히며 왜 틀렸는지 설명해 준다. 보통 열 문제 중 예닐곱 문제를 틀리기 때문에 엄마의 강의는 길어진다. 엄마는 무슨 학원 강사가 된 것처럼 작은 칠판을 놓고 설명을 하고, 무승은 그런 엄마를 쳐다보며 고개만 끄덕인다.

"알겠지?"
"네, 엄마."

알겠다고는 하지만 실은 모르고 있다. 같은 유형의 문제를 반복해서 틀리니 말이다. 그래서 점점 더 많이 혼나게 되고, 엄마의 스트레스도 이만저만이 아니다. 혹자는 아이 수학 공부 때문에 뭐 그리 스트레스까지 받느냐고 할지 모르겠지만, 단지 수학만이 아니다. 다른 과목도 크게 다르지 않다. 게다가 공부가 아닌 일상생활에서도 이와 비슷한 일이 반복된다.

무승 엄마는 집에서 가까운 직장에 다닌다. 그래서 아이 등교 시간에 같이 집을 나선다. 전업주부라면 만사 제쳐 놓고 아들을 챙기겠지만, 무승 엄마는 출근 준비까지 해야 해서 아침에 바쁘다. 아들을 챙겨 줄 여유가 없다. 그런 탓에 아들이 스스로 준비하고 챙기기를 바란다. 당연히 잔소리가 늘 수밖에 없다.

"무승아, 넌 그저 차려 주는 밥 먹고 학교 가면 되지만, 엄마
는 밥도 차려야 하고 설거지도 해야 해. 그리고 출근 준비도 해
야 하잖아. 그러니까 엄마를 도와줘야 해. 알겠어?"

"네."

"엄마를 어떻게 도와주면 좋겠니?"

"잘 모르겠어요."

"엄마가 알려 줄게. 너 요즘 아침에 일어나서 세수도 하지 않
고 계속 책 보고 있던데 그러면 안 돼. 책을 읽기 전에 우선 세
수하고 옷 입고 학교 가방을 먼저 챙겨. 그래야 나갈 때 허둥지
둥하지 않지. 학교 가방까지 다 챙겼는데 식사 준비가 안 돼 있
으면 그때 책을 봐. 식사 준비를 다했는데 책을 보면 안 돼. 빨
리 밥을 먹어야 엄마가 설거지를 할 수 있잖아. 게다가 너는 엄
마보다 밥을 늦게 먹잖아. 네가 늦게 먹으면 설거지를 늦게 하
게 돼서 엄마가 회사에 늦어. 밥 먹고 나서도 멍하게 있지 말고
바로 양치를 해. 지난번에 양치도 안 하고 학교 가더라. 양치
안 하면 입 냄새 나서 애들이 싫어해. 양치질 잊지 않으려면 밥
먹고 바로 하는 습관을 길러. 알겠어?"

"네, 엄마."

엄마는 아들에게 아침에 일어나서 할 일을 가르쳐 주었고 아
들은 알겠다고 했다. 그런데 무승의 기억은 자는 동안 지워지

는 것일까? 아침에 일어나자마자 책을 편다. 세수도 안 하고 옷도 안 입고 말이다. 이런 모습을 보니 엄마는 속이 터진다. 분명히 어젯밤에 알려 주었는데 왜 저러는 건지 이해가 안 된다. 엄마는 아침부터 소리를 지르고 화를 내기 싫어서 우선 기다려 본다. 아이가 스스로 알아서 하도록 말이다. 그러나 엄마의 기대는 무너지고 화가 폭발한다.

"넌 머리가 나쁜 거니? 아니면 엄마 말을 귓등으로 듣는 거니? 엄마가 어젯밤에 뭐라고 했어? 아침에 일어나서 뭘 해야 해? 대답해 봐!"

"죄송해요, 엄마. 기억이 잘 안 나요."

"뭐? 기억이 안 나? 어젯밤에 엄마가 말해 줬잖아. 아침에 할 일을! 그런데 생각이 안 나니? 너 멍청이야? 돌대가리야?"

"엄마, 제가 머리가 나쁜가 봐요. 엄마가 계속 알려 주시는데, 공부도 그렇고 아침에 제가 해야 할 일도 그렇고 생각이 잘 안 나요."

무승의 울음이 터졌다. 엄마는 아들의 자책 어린 울음을 보면서 진짜 지능이 낮은 것은 아닌지, 아니면 기억력에 심각한 문제가 있는지 걱정되기 시작했다. 아들 문제에 대해 도움을 구하고 싶었던 엄마는 여기저기 수소문을 하다가 지인으로부터 내 연락처를 받았다면서 전화를 했다. 보통은 그저 전화로 궁금한 것만 묻는데, 무승 엄마는 이야기가 길어질 것 같다면서 직접 만나고 싶다고 했다. 며칠 후 사무실로 찾아온 무승 엄마는 아들의 이야기를 꺼낸 후 이렇게 물었다.

"선생님, 지능 검사라도 받아 봐야 하는 거 아닐까요?"

"글쎄요. 정 불안하시면 받아 봐도 되겠지만, 제가 보기에는 지능의 문제는 아닌 것 같아요."

"지능이 떨어지거나 기억력의 문제가 있지 않고서야 어떻게 그럴 수 있죠? 아무리 가르쳐도 배우지 못하는 것 같아요. 아니 가르칠수록 아이가 더 모르는 것 같거든요."

"지능의 문제라면 어렸을 때부터 전반적으로 느리다는 것을 알아차렸을 겁니다. 그래서 처음부터 아이에게 기대하지 않았을 것 같은데요. 그리고 학교에 입학해서는 수업을 따라가기 힘들어할 거고, 또래와 어울리는 것도 어려워하죠. 어떤가요, 아들은?"

"선생님 이야기를 듣고 보니 지능 문제는 아닌 것 같아요. 혼자 책 읽는 것은 좋아해요. 어려운 보드게임도 잘 해내고 친구들과도 잘 지내죠. 그럼 도대체 뭐가 문제일까요?"

무엇을 모르는지를
아는 힘

———

대부분 부모도 무승 엄마와 비슷한 고민을 한다. 부모는
계속 가르치고 알려 주지만 아이가 어쩐 일인지 매번 못 알아
듣는 상황이 반복되면 참지 못하고 화를 낸다. 비단 공부만이
아니라 일상의 습관이나 행동거지에 대해서도 그렇다.

"도대체 넌 언제까지 그렇게 모른다고만 할 거야!"
"왜 이렇게 엄마 말을 안 듣는 거야?"
"몇 번을 이야기해야 알아듣겠어!"

이 말은 모두 같은 의미다. 그렇게 많이 반복해서 가르쳤는

대도 왜 모르느냐, 왜 행동으로 옮기지 않느냐는 것이다. 이렇게 속 터지는 일이 비단 부모 자녀 사이에서만 일어날까? 학교에서도 이런 장면을 자주 목격할 수 있다.

◇ **배움의 역설**

학교에 다니기 전에는 총명하고 똘똘하다는 말을 자주 들은 아이가 학교에 다니면서부터 오히려 총명함을 잃기도 한다. 이런 상황을 타개하기 위해 많은 부모들과 학생들은 사교육을 선택한다. 배움이 부족해서 모른다고 생각하기 때문에 더 많은 시간과 에너지를 배움에 투자하는 것이다. 그러나 결과는 어떤가? 학교에서 배우고 학원에서도 배운다고 더 잘 알게 될까? 오히려 더 안 좋은 결과가 나타난다. 배울수록 더 모르는 역설이 일어나는 것이다.

따지고 보면 모든 사람이 배움의 역설에 빠지는 것은 아니다. 어떤 이들은 배울수록 더 많은 것을 알게 되는 학습의 기쁨을 누린다. 그래서 더 많이 배우고 싶어 한다. 특히 젊어서 배우고 싶었지만 배움의 기회를 가지지 못했던 노인들 중에 그런 사람이 많다.

"난 옛날에 배우고 싶어도 배울 수가 없었어. 그때는 먹고사는 것이 너무 힘들었어. 부모님도 무슨 공부냐면서 학교를 안 보내 주시고 농사일을 시키셨거든. 보따리를 둘러메고 학교에 가는 아이들이 얼마나 부러웠는지 몰라. 그래서 종종 부모님에게는 산에 나무 하러 간다고 거짓말을 하고 몰래 학교로 갔어. 교실 창문 아래서 수업을 엿들은 거지. 비록 국민학교 졸업장은 없지만 덕분에 글을 읽고 쓸 수 있게 됐지."

너무 배우고 싶은 나머지 부모님을 속이면서까지 학교에 갔다는 이야기를 요즘 학생들은 이해하기 어렵다. 요즘 같으면 학교에 가라고 강요하는 부모님을 속이면서 들로 산으로 놀러 갈 판이니까. 지금은 어느 누구도 학교에 가지 말라, 배워서 뭐 하느냐는 이야기를 하지 않는다. 오히려 학교에 가는 것을 당연하게 여긴다. 당연한 정도가 아니라 법적 의무다. 부모가 취학 연령이 된 자녀를 이유 없이 학교에 안 보내면 100만 원의 과태료가 부과되는데, 이제껏 한 번도 부과된 사례가 없다고 한다. 교육을 거부하는 사람이 전혀 없다는 의미다. 배우고 싶었으나 배우지 못한 노인들은 이런 세상에서 태어나 살고 있는 요즘 아이들을 한없이 부러워한다.

"만약 내가 요즘 같은 세상에 태어났으면 진짜 공부 열심히 해서 서울대 갔을 거야. 서울대에서 원 없이 공부하고 박사가 되었겠지. 그런데 요즘 애들은 공부를 안 하고 싫어하잖아. 난 도통 이해를 못 하겠어."

◇ 메타인지라는 배움의 열쇠

그런데 노인들이 요즘에 태어나면 정말로 그렇게 열심히 공부를 할까? 반대로 요즘 아이들이 그 어렵던 시절, 공부해서 뭐 하느냐면서 농사일을 시키던 부모 밑에서 태어났어도 공부를 싫어하고 학교에 가지 않으려 할까? 그렇지는 않다. 이렇게 확신하는 이유는 우리의 마음이 작동하는 방식 때문이다.

먹고사는 것이 힘들어서 공부의 중요성을 잘 모르던 옛날에는 오히려 배우고자 하는, 알고자 하는 열망이 컸다. 글을 모르면 좋은 직업을 가질 수 없었을 뿐만 아니라, 무언가를 배우는 것 자체가 일상에서 좀처럼 얻을 수 없는 기쁨이기도 했다. 당시는 지금처럼 책을 구하기도 어려웠고, TV나 스마트폰, PC 같은 전자기기가 없었다. 그래서 세상 돌아가는 이야기를 접하기가 어려웠다. 그저 산으로 들로 뛰어다니면서 놀고, 또 부모님을 도와 힘든 농사일을 하는 것이 전부였다. 이런 상황에서 공부란 새로운 기회이자 신나는 경험, 그리고 특권이었다. 무엇보다 배움의 기회가 주어졌다는 것은 학습을 위한 최적의 준비가 되었음을 의미한다.

그러나 요즘은 어떤가? 초등학교와 중학교 과정은 의무교육이다. 누구나 무조건 학교에 가서 공부를 해야 한다. 배움의 기회는 더 이상 특권도 아니다. 이유가 있어서 배우는 것도 아니고, 어떤 목적을 가지고 배우는 것도 아니다. 대다수의 학생들은 자신들이 왜 학교에 가야 하는지 모른다. 자신이 진짜 배움을 원하는지조차 고민해 본 적이 없는 상황에서 누군가가 짜 놓은 교육과정에 따라 궁금하지도 않은 과목을 배워야 하고, 외워야 하고, 시험을 치러야 한다. 당연히 학습을 위한 준비가 전혀 되어 있지 않은 상태다.

이처럼 왜 배워야 하는지, 무엇을 배워야 하는지, 또 자신이 알고 있는 것과 모르는 것은 무엇이며, 모르는 것을 어떻게 배울 수 있는지를 인식해서 마음의 준비를 하는 것을 심리학자들은 메타인지Metacognition라고 부른다. 메타인지란 다른 말로 상위인지라고 하는데 '인지에 대한 인지', '지식에 대한 지식'이라는 뜻이다. 메타인지는 학습의 열쇠다. 메타인지를 활용하는 학생은 배움의 문을 열 수 있지만, 메타인지를 활용하지 않으면 아무리 열심히 해도 배움의 문은 열리지 않는다. 이것이 배움의 역설이 나타나는 결정적인 이유다.

◇ 메타인지가 작동하는 사람, 작동하지 않는 사람

학교 교실에 앉아서 수업을 듣는 학생은 크게 두 부류다. 메타인지가 작동되고 있는 학생과 그렇지 않은 학생. 메타인지가 작동되고 있는 학생은 학습에 대한 준비가 된 상태다. 오늘은 무엇을 배울지 궁금해한다. 배우는 과정에서도 자신이 무엇을 이해했고 무엇을 이해하지 못했는지 구별할 수 있다. 특히 자신이 무엇을 모르는지를 분명히 아는 것이 메타인지의 핵심이다. 자신이 무엇을 모르는지 알아야 선생님이나 친구에게 질문을 하거나, 아니면 도서관에서 책이라도 찾아볼 수 있다. 이렇게 학습을 능동적으로 하는 학생, 즉 메타인지가 작동하는 학생은 단지 배우기만 할 뿐 아니라 자신이 알고 있는 것에 한해서 타인에게 전달할 수 있다.

반면 메타인지가 작동하지 않는 학생은 학습에 대한 기대가 없다. 무엇을 배울지 관심이나 기대도, 왜 배워야 하는지에 대한 답도 없다. 배우는 과정에서도 차이가 난다. 기본적인 이해력과 암기력이 있다면 선생님이 전달하는 지식을 받아들이고 이해할 수는 있다. 하지만 여기까지다. 자신이 무엇을 모르는지에 대해서는 알지 못한다. 그러니 추가적인 학습을 위해 행동할 필요를 느끼지 못하고, 자신이 무엇을 알고 있고 무엇을 모르는지 모르기에 자신의 지식을 타인에게 전달하기 어렵다.

공부를 잘하는 것은 그저 머리만 좋으면, 소위 지능지수만 높으면 되지 않는가 생각하는 사람들이 많다. 물론 지능지수와 성적의 관계는 높다. 지능지수는 기본 지식, 이해력, 암기력, 공간지각 능력, 연산 능력 등을 측정해서 계산한다. 기본 지식을 가지고 있으며 이해력과 암기력을 비롯해 공간지각 능력과 연산 능력이 뛰어나서 지능이 높을수록 학습에 유리하다.

연구에 따르면, 지능지수가 성적의 25% 정도를 설명해 준다고 한다. 그런데 심리학자들은 메타인지가 성적의 40%나 설명할 수 있다는 것을 밝혀냈다! 흥미로운 사실은 지능지수가 노력으로는 계발될 수 없고 타고나는 능력에 달려 있지만, 메타인지는 계발할 수 있다는 것이다. 지능지수의 높고 낮음이나 나이의 많고 적음과 상관없이 말이다.

"난 시대를 잘못 타고 났어. 그래서 못 배운 것이 너무 한이 되어 지금도 배우고 있어. 책도 읽고, 도서관이나 평생학습관에서 하는 강의를 들으러 자주 가. 강의를 듣다가 궁금한 점은 선생님들에게 묻거나 책을 찾아보기도 하지. 공부하는 것이 정말 즐거워. 모르는 것을 알아 갈수록 신나."

이처럼 배움의 끈을 놓지 않는 사람들이 꽤 있다. 자신이 모른다는 것이 부끄럽게 느껴지고, 그래서 더 알고 싶은 마음에 시작한 공부가 하면 할수록 더 재미있다는 것이다. 비록 젊은 사람만큼 빠르게 배우지는 못하고 여러 번 들어도 매번 잊어버리기는 하지만, 즐겁게 꾸준히 학습할 수 있는 것은 바로 이 메타인지 때문이다.

교실을 발칵 뒤집어 놓은
메타인지

———

교육계는 무너져 가는 공교육에 대한 고민이 크다. 무너져 간다는 표현이 과하다고 생각하는가? 요즘의 학교 현장을 잘 모르면 그럴 수 있다.

1990년대 초반까지만 해도 공교육은 사교육이 넘볼 수 없는 교육의 주체였다. 사교육이 아무리 판을 친다 해도 공교육의 보충 수단이었을 뿐, 교육의 중심은 학교였고 학생들에게 가장 영향력 있는 사람은 교사였다. 오죽하면 부모들이 자기 말을 안 듣는 아이들을 설득하기 위해 담임선생님에게 대신 말 좀 해 주십사 부탁했겠는가!

요즘의 교사는 학생과 학부모에게 존경받는 대상이 아니다.

학교를 찾아와 자기 아이에게 불이익을 줬다면서 교사를 폭행했다는 부모 이야기는 더 이상 뉴스거리도 아니다. 요즘은 오히려 학원 선생님이 더 큰 인정과 존경을 받는다. 사교육은 더 이상 공교육의 보충 수단이 아니라 교육의 중심으로 자리를 잡아 가고 있다. 공교육에서는 다수의 학생들이 성취할 수 있는 목표를 세운다. 따라서 상위권 학생은 수업에 흥미를 못 느끼고 하위권 학생은 좌절을 겪는다. 그러나 사교육은 다양한 수준의 아이들의 눈높이를 맞춰 준다. 요즘은 공교육이 사교육의 보충 수단이 된 것 같다. 아이들에게 학교는 학원 숙제를 하는 곳으로 전락했다.

이런 공교육의 붕괴는 초등학교에서 고등학교로 갈수록 심해진다. 예전 같으면 선생님들이 아이들을 때려서라도 수업에 집중하게 만들었지만 이제는 그렇게 할 수도 없다. 그렇다고 교사가 수업을 안 할 수도 없다. 교사가 어느 학생도 원치 않고 듣지 않는 수업을 허공에 대고 할 수밖에 없는 것이 오늘날 학교 교실의 현실이다. 선생님은 학생들이 조금이라도 수업에 참여할 수 있도록 다양한 방법을 고민하면서 적용하지만, 학습의 열의를 잃은 학생들이 수업에 참여하는 것은 쉽지 않다.

그러던 중 미국에서 우연한 기회에 교육 현장을 획기적으로 바꿔 놓은 수업 방법이 만들어졌다. 일명 거꾸로 교실 Flipped Classroom 이다.

◇ 거꾸로 교실

미국 콜로라도 주에 위치한 어느 고등학교의 교사 두 명은 수업에 자주 빠지는 운동부 학생들의 학습을 위해 수업 내용을 동영상 강의로 만들어서 홈페이지에 올려놓았다. 운동부 학생들은 두 교사의 수고가 헛되지 않게 열심히 공부했다.

그런데 이 영상은 예상치 못한 효과를 만들어 냈다. 수업을 듣지 못한 운동부 학생뿐만 아니라 수업을 들은 학생들도 이 영상으로 자신이 놓친 부분을 보충하거나 복습을 통해 제대로 된 학습을 하게 되었다. 교사들은 이런 경험에 근거해 교실에서 학생들이 듣기만 하는 전통적인 수업 방식을 되돌아보고 학생들이 보다 효과적으로 배울 수 있도록 고민했고, 결국 거꾸로 교실이라는 수업 방식을 고안해 냈다.

기존의 수업 방식은 학생들이 교실에서 강의를 들으면서 배우고 집에 가서 배운 내용에 대한 숙제를 하는 것이었다. 반면 거꾸로 교실에서는 학생들이 집에서 먼저 강의를 듣고 교실에서는 이미 익힌 내용을 토대로 다양한 활동을 한다. 팀별로 문제를 풀거나 프로젝트 과제를 수행한다. 어떻게 보면 강의를 집에서 듣고 숙제를 학교에서 하는 것 같은 분위기가 연출된다. 팀별로 움직이기 때문에 해당 내용을 확실히 숙지한 아이들은 동영상 강의를 미리 보지 못했거나 보았더라도 이해가 잘 안 된 친구들에게 설명해 준다. 교사는 그저 아이들의 활동을 거들 뿐이다.

기존의 교실은 정숙해야 했다. 교사가 전체 학생들에게 강의를 해야 하니 한두 사람이라도 떠들면 수업 분위기를 망친다. 그래서 교사는 학생들에게 늘 정숙을 강조했다. 예전에 학교가 교육의 중심이었을 때는 모두들 강의에 집중했지만, 학교가 중심에서 밀려나면서 학생들은 조용한 수업 시간에 잠에 빠져들기 시작했다.

거꾸로 교실은 수업 시간이 조용하지 않다. 교사와 학생들이 질문을 주고받고 팀별로 토론을 하면서 과제를 수행해야 하기에 매우 시끄럽다. 상관없다. 강의를 들어야 하는 것이 아니니까. 오히려 와자지껄한 분위기에서 평소 잠을 자던 학생들도 일어나서 친구들과 함께 수업에 참여한다. 수업 시간이 끝났다는 종이 쳐도 아직 팀별 과제를 완성하지 못한 아이들은 계속 토론하면서 과제를 완성한다.

◇ **수동적 배움에서 주동적 배움으로**

교육이란 교사로부터 많은 내용의 지식을 배우는 것이라고 생각하는 사람은 거꾸로 교실의 효과에 대해서 의문을 가졌다. 거꾸로 교실에서 아이들이 수업 전에 미리 보는 동영상 강의는 기껏해야 10분 이내이기 때문이다. 이 정도의 강의만 듣고 수업 시간 대부분을 토론하고 과제하는 데 사용하니 제대로 배웠다고 할 수 없다는 것이다. 확실히 기존의 방식보다 교사가 전달하는 지식의 양은 줄어들었다. 그렇다면 이런 식의 방법으로도 학생들의 성적이 오를까?

의문을 풀기 위해 KBS의 다큐멘터리 〈21세기 교육 혁명-미래 교실을 찾아서〉 제작팀은 부산의 한 중학교에서 자원한 교사들을 중심으로 거꾸로 교실을 진행했다. 그리고 거꾸로 교실의 효과성을 검증해 보았다. 그 결과 무려 85%의 학생들이 거꾸로 교실 한 학기 만에 시험 점수가 큰 폭으로 올랐다.

거꾸로 교실의 효과는 단지 성적 향상만이 아니었다. 선생님들이 그토록 원하던 활기찬 수업 분위기가 만들어졌다. 학생들은 수업의 방관자가 아니라 수업을 만들어 가는 주체가 되었다. 또한 학생들은 게임 목적으로만 사용하던 스마트폰과 컴퓨터를 공부 목적으로 사용했다. 강의를 듣거나 자료를 검색했다. 거꾸로 교실은 정말 교실을 뒤집어 놓았다.

어떻게 이런 일이 일어날까? 거꾸로 교실의 효과는 메타인지 덕분이다. 기존 수업은 학습의 주도권이 교사에게 있기에 메타인지가 작동하기 어렵다. 학생은 그저 수동적으로 듣고 기계적으로 받아 적는다. 이런 과정을 통한 학습은 미미하다. 배움에 대한 기대도, 호기심도 없다. 또 왜 배우는지, 배워서 어디에 사용할 수 있는지 모른다. 유창한 교사의 설명을 들으면 이해가 된다고, 알게 되었다고 착각할 뿐이다.

하지만 메타인지가 작동하는 거꾸로 교실에서는 학습의 주도권을 학생이 가지기 때문에 적은 양의 정보만 전달하더라도 학생들이 스스로 공부하면서 더 많은 양의 정보를 학습하게 된다. 그래서 이렇게 효과가 뛰어난 것이다. 엄밀히 말하면 거꾸로 교실이 교실을 뒤집어 놓은 것이 아니라 메타인지가 교실을 뒤집어 놓은 것이다.

일방적인
배움을 멈추자

―

　거꾸로 교실처럼 메타인지를 활용한 배움이 아니더라도, 기존의 방식처럼 일방적 강의 중심의 배움도 비록 효과가 적을지언정 안 배우는 것보다는 낫다고 생각할 수 있다. '밑져야 본전'이라는 말이다. 모르던 것을 조금이라도 알 수 있고, 최악의 경우 아무것도 배우지 못한다 해도 어차피 몰랐으니 그렇게 생각할 수도 있다. 그러나 이는 사실이 아니다. 본전도 못 건지는 손해다. 그 이유는 메타인지를 활용하지 않는 배움, 즉 수동적인 배움은 기존의 지식 체계에 혼란을 주기 때문이다.

　인지심리학들은 인간의 지식 체계를 도식 Schema 이라고 부른다. 이 도식은 나름의 틀이 있기에 새로운 지식이 들어오면 그 틀에 맞춰서 분류하고 정리한다. 장서가 분야와 종류별로 잘 정리되어 있는 도서관을 연상하면 된다. 도식을 도서관에 비유한다면, 새로 배우는 지식은 도서관에 새로 들어오는 신간 도서이고, 메타인지는 사서라고 할 수 있다.

◇ 밑져야 본전이 아니라 손해다

사서는 도서관에 어떤 책이 있고 어떤 책이 없는지 정확히 알고 있다. 그래서 없는 책을 구입하거나 대출 빈도가 높은 책을 추가로 구입한다. 이렇게 목적을 가지고 책을 주문한다. 주문한 책이 도서관에 도착하거나 혹은 이용자들이 도서관에 책을 기증하면 기존의 분류에 맞춰 책을 정리해 놓는다. 그래서 사서는 이용자가 어떤 책을 요구하면 쉽게 찾아 줄 수 있다.

그런데 사서 없는 도서관이라면 어떨까? 몇몇 지하철역사에는 시민을 위한 간이 도서관이 있다. 처음 간이 도서관을 열었을 때는 분명 적은 수의 책이지만 잘 정리되어 있었을 것이다. 하지만 시간이 지날수록 분류와 무관하게 책들이 마구잡이로 꽂히게 된다. 소설책이 과학 코너, 과학책이 인문학 코너에 있다. 기존의 책만 뒤죽박죽되어 있으면 그나마 낫다. 지나다니던 사람들이 집에서 보지 않는 책을 기증하겠다며 책장에 마구 꽂아 놓으면 도서관인지 폐지 수집장인지 분간이 안 될 것이다. 책이 많아질수록 자신이 원하는 책을 찾을 수 없는 역설이 발생한다.

이처럼 메타인지를 활용하지 않는 배움은 밑져야 본전이 아니다. 손해다. 배울수록 더 혼란스러워져서 기존의 지식도 제대로 활용할 수 없다. 배울수록 더 모르게 되는 것이다. 그래서 어설프게 많이 배운 사람들, 여기저기서 다양한 강의를 수동적으로 접한 사람들은 오히려 혼란을 겪는 경우가 많다.

여기에 더해 수동적 배움을 손해라고 하는 또 다른 이유는 기대치에 전혀 미치지 못하는 결과 때문이다. 시간과 돈과 정신적 에너지를 투자해서 공부했는데 알게 된 것이 없거나 적다면 손해다. 적어도 투입한 만큼의 결과가 나와야 본전이다.

부모가 자녀를 학원에 보냈을 때, 당연히 부모는 자녀의 성적이 더 좋아질 것이라고 기대한다. 자녀 입장에서도 같은 기대를 할 것이다. 그런데 학원에서 한 번도 제대로 된 수업을 안받고 내내 잠만 잤다고 가정해 보자. 이런 상황에서는 학원에서 듣는 일방적 강의와 학생의 수동적 학습 태도가 기존의 지식 체계에 아무런 영향을 미치지 못할 것이다. 도서관으로 비유하자면, 이용자가 책을 기증하지 않았고 신간 도서가 새로 오지도 않은 것이다.

결국 객관적인 지식 차원에서 보자면 학원의 효과는 플러스도 아니고 마이너스도 아니다. 하지만 부모는 돈을 들이고 자녀는 시간과 정신적 에너지를 사용하면서 학원을 다녔는데 학원을 다니지 않았을 때와 똑같은 성적을 받는다면 손해가 아닌가! 평소만큼 해서 평소만큼 성적이 나와야 본전이다. 평소보다 더 애쓰고 노력했는데 평소만큼 성적이 나오니 손해다.

◇ **메타인지를 계발하라**

메타인지는 학습에만 국한되는 것이 아니다. 학습이든 일이든 취미 생활이든, 영역에 상관없이 적용할 수 있다. 어떤 분야에서 뛰어난 성과를 보이는 사람이나 창의적인 결과물을 만들어 내는 사람들은 메타인지가 뛰어나다. 이런 면에서 메타인지는 연령과 영역에 상관없이 키울 필요가 있다. 그렇다면 어떻게 메타인지를 계발할 수 있을까? 빠른 이해를 위해서 학습에 국한해 설명하겠다.

메타인지를 계발하기 위해서는 첫 번째로 배움의 이유와 목적을 분명히 해야 한다. 그래야 동기부여가 된다. 옛날에는 글을 읽고 쓸 수 있으면 고급 인력으로 인정받아 좋은 직장을 얻을 수 있었다. 공부할 이유가 분명했다. 이유와 목적이 분명하면 배우는 과정에서 지치고 힘들 때도 잘 버텨 낼 수 있다.

어떤 이유와 목적을 가질 수 있을까? 어쩌면 배움을 통해서 얻는 결과보다는 배움 자체에서 얻는 즐거움이 더 확실한 이유와 목적이 될 수 있다. 수많은 이들이 성과와 무관하게 학문에 정진하고 자신의 분야에 몰입하는 이유는 누군가로부터 보상이나 인정을 받기를 기대하기 때문은 아니다. 그저 그 자체가 즐겁고 좋기 때문이다. 만약 공부 자체가 즐겁다면 배움의 역설은 발생하지 않는다.

배움의 이유와 목적을 가지는 또 다른 방법은 지식의 맥락을 파악하는 것이다. 대부분의 지식은 갑자기 생겨난 것이 아니다. 인류가 오랫동안 여러 문제를 해결하기 위해서 고안하고 정리하고 발전시킨 것이다. 이런 지식이 계속 쌓이면서 전달되다 보니 요즘은 무엇 때문에 그런 지식이 필요했는지조차 모를 정도로 복잡해졌다. 그러니 공부라고 하면 일단 무조건 암기부터 하고 본다.

초등학교 2학년 아이들에게 구구단을 외우라고 하는 것과 구구단이 어떤 상황에서 유용한지를 설명하고 외우라고 하는 것은 전혀 다르다. 지금 생각해 보면, 학창 시절 선생님들이 지식의 맥락을 설명해 준 수업은 하나같이 재미있다고 느끼고 실제로도 열심히 들었다. 그냥 "무조건 배워"가 아니라, 이 지식이 왜 필요한지, 어떤 과정을 거쳐서 정리되었는지 맥락을 알려 주었을 때 배움의 이유와 목적을 가지게 된다.

메타인지를 세빌하기 위해서는 두 번째로 일방적인 가르침을 멈춰야 한다.

많은 사람이 자신이 모르기에 아는 누군가로부터 배워야 한다고 생각한다. 그래서 계속 들으려고 한다. 부모가 학습이 부족한 아이를 학원에 보내는 것도 같은 이유다. 학교에서 들었는데도 모르니 한 번 더 들으면 알 것이라고 착각한다. 그래서 많은 이들이 계속 듣는다. 그런데 흥미롭게도 계속 듣다 보면 왠지 아는 것 같다. 그러나 이는 착각이다. 들어서 이해했을 뿐이지 진짜 아는 것은 아니다. 자신이 진짜 아는지 모르는지를 확인하려면, 그것을 설명해 보라. 설명할 수 있다면 진짜 아는 것이고, 설명할 수 없다면 안다고 착각하는 것이다.

물론 일방적 가르침이 모두 나쁘다는 것은 아니다. 다만, 일방적 가르침은 꼭 필요한 만큼만 최소한도로 해야 한다. 거꾸로 교실을 보라. 보통 중학교 수업은 45분, 고등학교 수업은 50분이나 거꾸로 교실에서는 동영상 강의를 10분 이내로 만들라고 제안한다. 핵심만 가르치면 된다는 것이다. 나머지는 학생들이 질문하거나 책을 비롯한 다양한 자료를 통해 스스로 얻을 수 있기 때문이다.

메타인지를 계발하기 위해서는 세 번째로 자신의 생각을 표현해야 한다. 거꾸로 교실이 메타인지 덕분에 성공했다고 말할 수 있는 것은 수업 시간에 이루어지는 팀별 활동 때문이다. 그저 혼자서 수업을 듣고 고개를 끄덕거리는 것이 아니라 친구들과 함께 문제를 해결해 가면서 자신이 이해한 내용을 다른 사람에게 설명하다 보면 자신이 아는 것과 모르는 것을 정확히 구분할 수 있게 된다. 메타인지를 키우는 가장 핵심적인 방법이 이 둘을 구분하는 것이다. 일방적 강의는 안다고 착각하게 하지만, 직접 누군가에게 전달하는 것은 자신의 무지를 깨닫게 한다.

자신의 생각과 지식을 표현할 때 얻을 수 있는 또 다른 이득은 기억의 증진이다. 사람들은 무엇을 배운다고 할 때 그저 외부의 정보를 머릿속에 집어넣는 것이라 생각하고, 그 방법으로 반복 암기Rehearsal를 꼽는다. 반복 암기도 기억을 증진시킬 수 있지만, 더 효율적인 방법은 머릿속에 있는 지식과 생각을 꺼내는 것이다.

물론 처음에는 배워야 한다. 아무것도 모르니 말이다. 그리고 필요하면 한두 번 정도는 암기할 필요도 있다. 그러나 계속 암기하기보다는 타인에게 설명해 본다든지, 아니면 모의 테스트를 해 본다든지 하는 식으로 머릿속에 있는 것을 꺼내면 더 잘 기억에 남는다.

실제로 인지심리학자들은 어떤 정보를 장기기억에서 꺼내는 노력을 할수록 해당 정보를 장기기억으로 더 잘 보낸다는 증거를 찾았다. 그 이유는 반복 암기보다 말로 표현하는 것이 해당 정보를 처리하는 과정에서 더 많은 정신적 에너지를 소비하기 때문이다. 정신적 에너지를 더 많이 소비한다는 것은 그 정보를 제대로, 꼼꼼히 처리한다는 의미다.

살아가면서 의도치 않아도 기억에 오래 남는 사건이 있는가 하면, 전혀 기억이 나지 않는 사건이 있다. 그 이유는 해당 정보를 편안하게 힘들이지 않고 처리했느냐, 아니면 많은 에너지를 사용해서 처리했느냐에 달려 있다. 더 많은 정신적 에너지를 소비하기에 처음에는 정신적 피로감을 느낄 수 있지만, 우리의 정신력은 몸의 근육과 비슷해서 사용할수록 더 힘이 생긴다.

모국어와 외국어를 배우는 과정을 비교해 보라. 모국어를 배울 때는 입력보다 출력을 많이 한다. 처음에는 부모에게 정확한 발음을 반복해서 들어도 한 번에 완벽한 발음을 구사하지는 못한다. 그러나 부모의 가르침보다 더 빈번하게 어눌한 소리를 내면서 자연스럽게 모국어를 배운다. 반면 외국어는 어떤가? 실수하고 틀릴까 싶은 마음에 완벽하게 표현할 수 있을 때까지 듣기만 하고 입을 떼려 하지 않는다. 그러니 10년을 배워도 말 한마디 못하는 외국어 실력을 갖는다. 입력보다는 출력을 자주 해야 기억에 오래 남는다.

아이 성적도 올리고
관계도 좋아지는 법

메타인지의 역할에 대해서 설명해 주니 무승 엄마는 고개를 끄덕였다. 얼굴에는 여러 감정이 교차되는 듯 보였다. 아마 그동안 아들을 많이 혼냈기에 드는 미안한 감정과 앞으로 어떻게 해야 하는지에 대한 고민이 함께 들었으리라. 아니나 다를까 메타인지에 대한 이야기가 끝나기 무섭게 질문을 한다.

"그럼 선생님, 제가 우리 아들에게 어떻게 해 줘야 하나요?"

"제가 메타인지를 키우는 방법 세 가지를 말씀드렸잖아요. 기억나시는 대로 이야기해 보시겠어요?"

"네? 아… 제가요? 음… 그냥 선생님이 말씀해 주세요. 제가 기억력이 나빠서…."

무승 엄마의 얼굴에는 당황스러움이 역력했다. 내가 자신의 예상과 다르게 반응했기 때문이리라. 무승 엄마를 당황하게 하고 싶지는 않았다. 단지 메타인지를 계발하는 방법을 일방적 가르침이 아닌, 메타인지를 키우는 방법을 적용해서 알려 드리고 싶었을 뿐이다.

"지금 좀 당황스러우시죠?"
"네"
"그러실 수 있어요. 질문을 받았을 때 많은 전문가들은 곧바로 대답을 해 주죠. 하지만 그런 방법은 배움의 역설로 빠지게 할 수 있어요. 전문가를 만나서 좋은 방법을 알았지만 집에 와서 보면 배운 것이 없는 것 같고, 심지어는 이전보다 더 모르겠다고 생각하죠."
"아, 맞아요. 선생님. 정말 그래요. 저 역시 아들 하나 잘 키워 보겠다고 온갖 부모 교육은 다 들었어요. 책도 많이 읽었죠. 처음에 강의를 듣거나 책을 읽었을 때는 아이를 잘 키울 수 있을 것 같은 자신감이 가득했는데, 실제로 육아에 적용하는 것도 어려웠거니와 많은 정보를 접할수록 오히려 혼란스럽더라고요."

"저도 강의를 자주 다니는데, 그렇게 말씀하시는 분들이 많아요. 들을수록 모르겠다고 말이죠."

"또 직장에서도 분기마다 외부 전문가에게 업무에 대해 컨설팅을 받아요. 컨설팅을 받을 때는 알 것 같고 업무에 적용할 수 있을 것 같죠. 그런데 정작 제 업무로 돌아와서 그 내용을 적용시키려 하면 잘 기억이 안 나요. 저는 제 머리가 나빠서 그렇다고 생각했는데, 저도 배움의 역설에 빠진 거네요."

"그렇죠. 대부분의 사람들이 그저 듣고 이해하면 배웠다고 생각하죠. 그러면 생각이 잘 안 나는 부분은 제가 옆에서 도울 테니 생각나는 대로 이야기해 보시겠어요? 메타인지를 키울 수 있는 방법을요."

무승 엄마는 기억을 더듬으면서 이야기하기 시작했고, 중간중간 기억이 나지 않는 부분이 있을 때는 도움을 요청했다. 그때마다 약간의 힌트와 정보를 제공했고, 결국 무승 엄마는 스스로 아들의 메타인지를 키워 줄 수 있는 방법을 다음처럼 정리했다.

① 아들과 마주 앉아서 수학을 공부해야 하는 이유와 목적을, 아침에 빠르게 준비를 해야 하는 이유와 목적을 이야기한다. 특히 수학은 곧바로 연산 문제에 들어가기보다는 해당 단

원의 내용이 우리의 일상과 어떻게 연관되어 있는지에 더 초점을 맞춰 보도록 한다.

② 수학 학원은 가급적 보내지 않되, 이 부분도 아들 스스로 선택할 수 있도록 기회를 준다. 어차피 학교에서 선생님에게 핵심 내용은 배울 수 있고, 만약 핵심 내용을 놓쳤다면 인터넷 학습 사이트를 통해 필요한 강의를 듣도록 한다. 아침의 일과에 대해서는 기계적이고 반복적으로 잔소리하는 것을 멈춘다.

③ 수학의 경우 자신이 이해한 핵심 원리를 직접 설명해 보도록 하고, 문제를 풀 때도 틀린 문제에 대해서는 엄마가 설명해 주기보다는 아들이 어떤 과정으로 풀었는지를 직접 설명하게 한다. 또 아침 일과에 대해서도 아들이 직접 해야 할 일을 작성해 보도록 한다.

기억나지 않거나 매끄럽지 않은 부분에 대해서는 작은 도움을 드리기는 했지만, 어쨌든 무승 엄마는 자신이 아들을 위해 어떻게 해야 할지 직접 표현했다. 이렇게 정리가 되었을 때, 무승 엄마의 표정은 굉장히 밝아 보였다.

"기분이 좋아 보이네요."

"네, 선생님. 이제 좀 알 것 같아요. 선생님이 지금 저에게 메타인지 키우는 법을 적용하신 거잖아요. 힘들기는 했지만, 제가 놓친 부분이 무엇인지 점검하고 선생님 말씀을 기억하면서 적용하는 방법을 이야기했죠. 이렇게 하니 아들에게 어떻게 해 줘야 할지 머리로만이 아니라 진짜 경험으로 확실히 알게 된 것 같아요. 진짜 감사해요."

"그렇게 말씀해 주시니 저도 감사하네요. 직접 아들과 함께 메타인지 키우는 방법을 실천하다 보면 학업이나 생활습관은 물론이고 아들과의 관계도 더 좋아지게 될 거예요."

배움이란 본래 즐겁고 기쁜 것이다. 교육 정책도 문제고, 시스템도 문제고, 왜곡된 학벌주의와 지나친 교육열도 문제지만, 그렇다고 상황 탓만 하면서 기다릴 수는 없다. 배움의 역설에 빠지지 않기 위해 우리 모두 메타인지를 키우는 것이 필요하다.

✔ 배울수록 더 많이 알게 되는 사람과 더 모르게 되는 사람의 차이는 메타인지를 활용하는가, 하지 못하는가에 달렸다.

✔ 메타인지란 '인지에 대한 인지', '지식에 대한 지식'이란 뜻이다.

✔ 메타인지를 활용하는 대표적 수업 방법이 거꾸로 교실이다. 거꾸로 교실에서 학생은 능동적 학습자가 된다. 10분 정도의 강의를 듣고 와서는 끊임없이 자신의 지식을 친구들과 나누면서 문제해결에 참여한다.

✔ 메타인지는 지능지수IQ보다 성적에 더 큰 영향을 미친다.

✔ 우리의 지식 체계를 도서관에 비유한다면, 메타인지는 사서, 책은 지식이라 할 수 있다. 사서가 없는 도서관은 책이 많을수록 엉망이 되듯이, 메타인지가 없이 지식을 습득하는 것은 오히려 손해가 된다.

✔ 메타인지를 계발하기 위해서는 배움의 이유와 목적을 알아야 하고, 일방적 가르침을 멈춰야 하고, 자신의 생각을 표현해야 한다.

✔ 메타인지는 학습만이 아니라 어떤 활동에도 적용할 수 있다.

Chapter 5

왜
착한 게
탈이 될까?

• 착함의 역설 •

'악'은
우리들 사이에 있다

사람들에게 역사상 최악의 사건을 꼽으라고 하면 언제나 빠지지 않는 것이 홀로코스트Holocaust다. 2차 세계대전 중 아돌프 히틀러가 이끄는 나치당이 독일 및 독일군이 점령한 지역에서 계획적으로 유태인을 비롯해 슬라브족, 집시, 동성애자, 장애인, 정치범 등 약 1,100만 명의 민간인과 전쟁 포로를 학살한 사건을 가리킨다. 희생자 중 유태인이 약 600만 명이었기에 홀로코스트는 유태인 학살 사건으로 불리기도 한다.

어떻게 이런 끔찍한 일이 일어나게 되었을까? 1차 세계대전이 끝나자 히틀러는 청중을 압도하는 연설과 선전 능력으로 나치당을 제1당으로 만들었다. 이후 총리직과 대통령직을 합친

총통의 자리에 올라 1차 세계대전의 패전국으로서 약속했던 보상금 지급을 거부하고 군국주의를 감행했다. 그리고 경제를 살리고 동시에 여론을 자신의 편으로 끌어들이기 위해 1933년부터 유태인 탄압을 시작했다.

1939년 9월 독일의 폴란드 침공으로 2차 세계대전이 시작되면서 유태인 탄압은 상상을 초월했다. 유태인들은 학교에 다닐 수도, 사업을 할 수도, 어떤 직업을 가질 수도, 부동산을 소유할 수도, 유태인이 아닌 사람과 교제할 수도 없었다. 심지어 공원이나 도서관, 박물관에 갈 수도 없었고 오로지 유태인 거주 지역인 게토Ghetto에서만 살 수 있었다.

그러나 유럽에 사는 유태인은 나치의 예상보다 훨씬 많았기에 이들을 수용하고 관리하는 것이 쉽지 않았다. 1942년 1월 베를린 교외에서 나치의 주요 관료가 모여 이 문제를 논의했고, 그 결과 모든 유태인을 적절하게 처리하기로 하였다. 적절한 처리란 집단으로 학살하는 것이다. 우선 가스실에서 독가스로 죽인 후 시체를 화장하는 방식이 제안되었다. 상상할 수도 없는 거대한 악이 600만 명의 유태인을 죽였다. 그야말로 유태인 전체를 불에 태워 죽이려 한 끔찍한 사건이 벌어진 것이다.

전쟁이 끝난 후 전범 재판이 열렸다. 책임을 져야 할 나치 친위대 장교들은 여권을 위조해서 독일과 유럽을 빠져나갔다. 이스라엘 정보기관 모사드Mossad는 이들의 검거를 포기하지 않았고 결국 15년 만에 나치 친위대 중령 아돌프 아이히만Adolf Eichmann을 아르헨티나에서 검거했다. 아이히만은 유태인을 강제 수용소로 이송하는 책임자였으며, 학살 상황을 점검하기 위하여 아우슈비츠 수용소도 자주 방문한 인물이다.

이스라엘로 압송된 아이히만을 대상으로 전범 재판이 열렸다. 재판은 전 세계로 생중계되었고, 사람들은 악마가 누구인지 보기 위해 TV 앞으로 모여들었다. 그런데 재판정으로 걸어나온 아이히만은 너무나 평범한 사람이었다. 머리에 뿔이 달리지도 않았으며, 험상궂게 생기지도 않았다. 깔끔한 정장을 입고 세련된 넥타이를 하고 차분하게 앉아 있는 아이히만은 평범한 정도가 아니라 성실하고 착한 사람처럼 보였다. 실제로 변호인은 그가 맡겨진 일에 최선을 다하는 성실한 사람이었고 단 한 번도 법을 어긴 적이 없는 일등 시민이었다고 했다. 아이히만도 재판정에서 다음처럼 항변했다.

"저는 남을 해치는 것에는 관심이 없습니다. 제가 관심이 있는 것은 맡은 일을 잘하는 것뿐입니다. 나는 잘못이 없습니다. 단 한 사람도 내 손으로 죽이지 않았고, 죽이라고 명령하지도 않았습니다. 내 권한이 아니었으니까요. 나는 월급을 받는 관리 중 한 사람으로서 상부의 지시를 따랐을 뿐입니다. 죄가 있다면 명령에 따른 것이겠지요."

당연히 그의 주장은 받아들여지지 않았고, 수개월에 걸친 재판 끝에 사형을 선고받았다. 하지만 그가 법정에서 보여 준 태도와 진술은 많은 이들을 적지 않은 충격과 혼란에 빠뜨렸다. 도대체 악이란 무엇인가? 누가 악인인가? 누구라도 악인이 될 수 있다는 말인가? 이 질문에 대해 현장에서 재판을 지켜보았던 독일의 철학자 한나 아렌트Hanna Arendt는 다음처럼 대답한다.

"아이히만에 대한 단죄가 어려운 이유는 그가 우리 사회의 대부분의 사람과 별다르지 않다는 점 때문이다. 특별히 변태적이지도 않으며 가학적이지도 않은, 지나치다고 할 만큼 정상적인 사람이다. 그는 아주 근면한 인간이다. 이런 근면성 자체는 범죄가 아니다. 단지 그가 유죄인 이유는 아무 생각이 없었기 때문이다. 다른 사람의 처지를 생각할 줄 모르는 생각의 무능은 말하기의 무능을 낳고 행동의 무능을 낳는다."

아렌트는 아이히만의 재판을 지켜보면서 '악의 평범성'을 깨달았다. 많은 이들의 생각과 달리 악인은 진짜 악하다기보다는 별 생각이 없기 때문에 악을 저지른다는 뜻이다. 이 말이 믿어지지 않는가? 그렇다면 심리학자 스탠리 밀그램 Stanley Milgram 의 실험을 살펴보자.

인간은 권위에
기꺼이 복종한다

—

법정에서 아이히만은 무죄라고 항변했다. 그저 자신은 위에서 시키는 대로 했을 뿐이라는 것이다. 이 말을 누가 믿을 수 있을까? 대부분의 사람들은 거짓말이라고 소리쳤다. "누가 시킨다고 그렇게 끔찍한 일을 저지를 수 있느냐"면서 "지옥에나 떨어져라"고 소리쳤다.

이때 미국 예일 대학교의 심리학과 조교수로 근무하던 밀그램은 어쩌면 아이히만의 말이 조금은 진실을 포함하고 있을 수 있다고 생각했다. 홀로코스트처럼 끔찍한 일은 아니어도 대부분의 사람은 지시에 복종하는 것을 당연하고 바람직하게 받아들이기 때문이다. 그는 아이히만의 말을 실험으로 확인해 보고 싶었다.

1961년 밀그램은 지역 신문에 광고를 내서 심리학 실험에 참가할 사람을 모집했다. 연구에 참여하는 대가로 약간의 보수도 제시했다. 광고를 보고 많은 사람이 지원했다. 지원자 중에서 재산과 학력, 지능과 정신병력 등 다양한 측면에서 평균적이고 정상적인, 즉 평범한 사람 40명을 선발했다. 그 이유는 연구 결과의 일반화 때문이다. 만약 지능이 너무 높거나 낮든지, 정신병력이나 범죄 경력이 있다면 실험 결과가 참가자들의 특성 때문이라는 비판을 받을 수도 있다.

◇ 밀그램의 권위 복종 실험

참가자는 약속 시간에 맞춰 대학 내 실험실에 도착했다. 그곳에는 먼저 온 다른 참가자가 있었다. 잠시 후 실험자가 두 사람에게 실험의 목적을 알려 주었다. 본래 실험은 '권위에 대한 복종 연구'였지만 이 목적을 알면 실험에서 자연스럽게 반응하지 않을 수 있기에 가짜 목적을 알려 주었다. 가짜 목적은 '처벌의 강도가 학습과 기억에 미치는 영향에 대한 연구'였다. 그 다음 두 사람의 역할을 정하기 위해서 제비를 뽑게 했다. 한 사람은 '학생'이었고, 다른 사람은 '교사' 역할이 주어졌다.

역할이 결정되자 실험자는 실험 과정을 안내했다. 실험은 두

단계로 이루어져 있다. 첫 번째 단계는 교사가 불러 주는 일련의 단어쌍(예. 커피-연필)을 학생은 암기해야 한다. 암기가 끝나면 실험은 두 번째 단계로 넘어간다. 교사는 단어쌍 중에서 한단어(커피)와 보기 네 개(예. 노트북, 연필, 볼펜, 필통)를 불러 주고, 학생은 보기 중에서 답(연필)을 맞혀야 한다. 학생이 정답을 맞히면 그다음 문제로 넘어가고, 틀리면 교사는 전기 충격을 학생에게 가해야 한다.

실험자는 두 명의 참가자를 작은 방으로 데리고 들어가서 전기 충격 장치가 설치된 의자에 학생을 앉으라고 했다. 그리고 과도한 움직임을 막기 위해서 손을 묶어야 한다고 말하고 학생의 손을 의자에 결박했다. 스스로는 결박을 풀 수 없는 구조였다. 교사는 옆에서 이 모든 과정을 보고 있었다. 실험자는 교사에게 학생이 받을 전기 쇼크가 어느 정도인 알아야 한다며, 교사에게 45V의 전기 쇼크를 주었다. 이는 몸을 움찔하게 할 정도로 따가운 것이었다. 아마 교사는 '제비를 잘 뽑아 천만다행'이라고 생각했을 것이다.

실험자는 전기 충격 의자에 묶인 학생을 두고 교사를 옆방으로 데리고 가서 책상에 앉게 했다. 그 책상에는 학생의 목소리를 들을 수 있는 인터폰과 전기 충격 발생기가 준비되어 있었다. 전기 충격 발생기에는 15V부터 450V까지의 스위치가 순서대로 나열되어 있고, 강도에 따라 '약함', '매우 강함', '위험함',

'XXX' 등의 표시를 해 놓았다. 실험자는 교사에게 전기 충격 발생기의 작동 방법을 알려 주었다. 작동이 특별히 어렵지는 않았다. 그저 스위치만 누르면 그만이었다.

실험자는 교사 뒤편에 자리를 잡고 앉아서 교사에게 실험을 시작하라고 했다. 교사는 먼저 단어쌍이 적혀 있는 종이를 보고 하나씩 불러 주었다. 그다음은 암기력 테스트 단계다. 단어쌍 중 한 단어를 불러 준 다음 보기 네 개를 제시했다. 학생은 안타깝게도 암기력이 좋지 못했다. 교사는 지시대로 15V부터 시작해서 학생이 틀릴 때마다 강한 전기 충격을 주었다. 인터폰으로 들리는 학생의 신음 소리, 고통을 호소하는 소리도 점차 커졌다.

결국 120V의 전기 충격을 가했을 때 학생이 "너무 고통스럽다"고 소리를 질렀고, 150V에 이르자 "실험을 멈추게 해 달라"고 요청했으며, 180V에 다다르자 "더 이상 고통을 참을 수 없다"고 울부짖듯 말했다. 300V의 충격을 주자 비명을 지르며 "더 이상 대답하지 않겠다"고 저항하면서 "실험을 그만두게 해 달라"고 애원하였다. 그런데 330V를 지나자 아무 소리도 들려오지 않았다. 학생은 기절했거나 어쩌면 죽었을지도 모른다. 교사는 실험자를 쳐다보았다. 학생이 저렇게 괴로워하는데도 계속해야 하느냐고 물었지만, 실험자의 답변은 단호했다.

"문제를 계속 내세요."

"감정에 동요될 필요 없습니다."

"계속 진행해야 합니다. 이 규칙을 지키셔야 해요."

"계속하세요. 모든 책임은 우리가 집니다."

　결과는 아주 충격적이었다. 실험에 참가한 40명 모두가 300V까지 전기 충격을 주었다. 그다음부터 실험자의 지시를 거부하는 참가자가 나오기는 했지만, 26명은 끝까지 복종했다. 불길하게 'XXX'라고 쓰여 있는 450V의 스위치까지 눌렀다!

　그런데 밀그램의 실험에는 반전이 있다. 학생은 진짜 참가자가 아닌 실험을 위해 고용된 연기자였다. 진짜 참가자는 교사뿐이었다. 연기자는 실험자의 지시대로 오답을 말했다. 당연히 전기 충격도 받지 않았으며, 고통스러워하는 반응은 미리 녹음된 것이었다. 그러나 교사는 학생을 직접 볼 수 없었기에 이 모든 것이 실제라고 믿었다. 대부분의 참가자들은 반항보다는 복종을 선택했다. 당연히 그들도 양심에 가책을 느꼈다. 입술을 깨물기도 하였고, 손을 비비 꼬거나, 진땀을 흘렸다. 자신의 행동에 불안을 느끼면서 심리적으로 크게 혼란스러워했지만 결과적으로는 복종을 선택했다.

　혹시 참가자들이 특별히 악하거나 문제가 있거나 정신적으로 이상한 사람들은 아니었을까? 그렇지 않다. 실험에 참가한

40명은 사회, 경제적 수준이나 교육 수준에서 지극히 정상적인 사람들이었다. 믿을 수 없는 결과가 나온 이 실험에 의구심을 품은 심리학자들이 같은 방식으로 여러 차례 실험을 진행했지만 그때마다 비슷한 결과가 나왔다. 미국뿐만 아니라 여러 다른 나라에서 실시했을 때도 마찬가지였다.

◇ **누구나 아이히만이 될 수 있다**

그렇다면 왜 실험자의 지시를 거부하는 선善을 택하지 않고, 실험자의 지시에 복종하는 악惡을 택했을까? 밀그램은 그 이유를 책임의 부재 때문이라고 보았다. 실험자는 교사가 혼란스러워할 때마다 모든 책임이 자신에게 있으니 그저 시키는 대로 하라고 말했다. 실험은 대학이라는 공신력 있는 기관에서 진행되었고, 실험자는 흰 가운을 입고 있었다. 교수처럼 보이는 사람이 책임을 진다 하니 순순히 따랐던 것이다. 또 큰 액수는 아니지만 보수도 받기로 하지 않았는가! 만약 자신이 실험을 거부하면 그 책임은 온전히 자신이 져야 하는 것이다.

실험의 참가자들은 아이히만의 항변을 연상시킨다. 아이히만도 책임은 상부에 있으며, 자신은 그저 시키는 대로 했을 뿐이라고 주장했다. 물론 이런 논리로 아이히만의 무죄를 주장할 수도 없고, 주장해서도 안 된다. 다시 한번 강조하자면 홀로코스트는 끔찍한 범죄이며, 범죄와 관련된 모든 이들은 그에 합당한 벌을 받아야 한다. 하지만 정죄와 처벌로 끝나서는 안 된다. 어떻게 이런 일이 가능했는지를 알아야 되풀이하지 않을 수 있다.

많은 이들이 잊고 있는 것이 있다. 홀로코스트에 동참하지는 않았지만, 침묵했던 다수의 독일인이다. 당시 독일인은 나치가 유태인을 핍박한다는 것을 알고 있었다. 홀로코스트에 대해서도 적지 않은 이들이 알았을 것이다. 그런데도 그들은 침묵했다. 왜일까? 자신에게는 책임이 없다는 것, 굳이 나섰다가는 자신도 나치로부터 어떤 식으로든 피해를 입을지 모른다는 생각 때문이 아닐까? 이런 면에서 이들의 침묵이 아이히만의 복종과 근본적으로 다르다고 할 수 있을까?

아이히만은 명백한 전쟁 범죄자이나, 그를 특별히 악한 사람으로 치부할 수는 없다. 위에서 주는 월급을 받으면서 위에서 시키는 대로 하는 평범한 사람이었다. 바꿔 말하자면, 월급을 받으면 위에서 시키는 대로 하는 것이 당연하다고 생각하는 사람이라면 누구라도 아이히만이 될 수 있다. 또한 주위에서 끔찍한 범죄가 벌어지는데도 직접적으로 사건에 연루되지 않았다는 이유로, 굳이 나섰다가는 어떤 식으로든 피해를 입을지 모른다고 생각한다면 홀로코스트에 침묵한 독일인과 무엇이 다르겠는가?

혹시 자신은 저렇게 행동하지 않았을 것이라고 생각하는가? 이전 세대의 사람들은 권위자에게 복종해야 한다고 교육받았기 때문에 그렇게 행동했을 뿐이라고 생각하는가? 요즘 사람들은 자신의 삶을 주체적으로 사는 경향이 있으니 다를 것이라 생각하는가? 이런 생각을 확실히 반증해 주는 사건이 10년 전 프랑스 파리에서 일어났다. 밀그램 실험이 다시 한번 진행된 것이다.

착할수록
악하다

2009년 어느 날 프랑스 파리와 인근 도시에 거주하는 사람들은 방송국에서 연락을 받았다. 〈익스트림 존〉이라는 제목의 TV 프로그램을 촬영하는데 참가할 의향이 있느냐는 것이다. 연락을 받은 이들은 학력과 지능, 정신 건강 등 여러 면에서 지극이 정상적이고 평범한 사람들이었다. 제안을 받아들인 80명이 실험에 참여했다.

진행 방식은 밀그램의 실험과 동일했다. 두 사람이 짝을 지어 진행하는 것, 그리고 단어쌍을 불러 주고 그것을 기억하게 하는 것, 틀렸을 경우 전기 충격을 주는 것, 그리고 전기 충격을 가하는 역할은 언제나 진짜 참가자의 몫이고 전기 충격을 받는 역할은 연기자라는 것까지 동일했다. 다른 점이 있다면 전기 충격 장치였다. 밀그램 실험에서는 15V부터 450V까지였지만, 이 실험에서는 20V부터 460V까지였다.

어떻게 전기 충격을 가하게 할까? 밀그램 실험에서는 대학의 심리학자를 권위자로 내세웠다. 그렇다면 이번 실험의 권위자는 누구일까? 방송인이다. 프랑스 사람이면 누구나 알고 있는 공영방송의 기상 캐스터였다. 사실 현대인에게 방송은 최고의 권위고, 방송인은 최고의 권위자라고 할 수 있다. 방송은 사람을 살리기도 하고, 죽이기도 한다. 부자로도 만들고, 가난뱅이로도 만든다. 의인으로 만들 수도, 악인으로 만들 수도 있다. 이 실험은 권위 있는 기관인 방송국에서 진행되었고, 권위자인 방송인이 진행을 맡았다. 진행자는 참가자들이 주저할 때마다 밀그램 실험에서 사용했던 멘트를 그대로 사용했고, 방송국이라는 특성을 살려서 새로운 멘트로 참가자를 압박했다.

"저 사람은 별일 없을 거예요. 하지만 방청객들이 어떻게 생각하겠어요?"

그렇다! 직접적으로는 방청객이, 카메라를 통해서는 수많은 시청자가 보고 있다. 그들을 실망시킬 수는 없다는 생각, 자신이 여기서 그만두면 모든 것이 자기 책임이 된다는 생각이 들

있다. 진행자는 직접적으로 참가자를 압박하지만, 방청객은 간접적으로, 시청자는 상상 속에서 참가자에게 복종을 강요한다.

전기 충격 의자에 앉아 있는 참가자(연기자)는 밀그램 실험과 동일하게 안타깝게도 연속해서 오답을 말했고, 20V부터 시작하는 전기 충격을 계속 받았다. 연기자는 80V를 받았을 때 "정말 아프다"고 소리쳤고, 180V에서는 비명 소리가 더 심해졌으며, 200V를 받자 "자신은 이 프로그램을 중단하겠다"고 말했다. 그런데 380V부터 참가자는 그 어떤 비명도 지르지 않았고 문제에 대한 대답도 하지 않았다. 진행자의 강력한 요청을 이기지 못한 참가자들은 전기 충격을 460V까지 주었다. 밀그램 실험에서는 65%가 450V까지 전기 충격을 가했는데 이 실험에서는 어땠을까? 결과는 놀라웠다. 460V까지 전기 충격을 가한 비율은 무려 81%였다!

놀랍다. 현대인에게 방송이 대단한 권위를 가지고 있다고 하더라도, 자신과 같은 처지라고 생각한 다른 참가자를 죽일 수도 있다는 사실이 섬뜩하기까지 하다. 밀그램 실험 이후 반세기가 지났지만, 여전히 우리는 권위에 취약하다. 책임의 부재 앞에 너무나 끔찍한 행동을 서슴지 않는다.

이 실험을 기획한 이는 프랑스의 사회심리학자 장-레온 보부아Jean-Leon Beauvois와 영화감독 크리스토퍼 닉Christophe Nick이었다. 보부아는 연구를 위해, 닉은 영화 제작을 위해 뜻을 모았다. 그 결과 여러 편의 논문이 출간되었고, 〈데스 게임The Game of Death〉이라는 영화가 만들어졌다. 도대체 보부아는 어떤 목적으로 밀그램 실험을 재연한 것일까?

보부아의 목적은 단지 밀그램 실험의 재연이 아니었다. 반세기 전에 비해서 사람들이 얼마나 더 악해졌는지 알아보는 것도 아니었다. 보부아는 권위에 대한 복종 행동에서 밀그램이 간과하고 있는 것을 발견했다. 바로 개인의 성격 특성이다. 상황의 압박이 권위자에게 복종하게 만들지만, 분명 이런 상황에서 더 잘 복종하는 성격 특성이 있을 것이라고 생각했다.

보부아는 실험이 끝나고 8개월이 지났을 때, 이 실험의 참가자들을 대상으로 성격 특성을 확인하기 위한 설문 조사를 실시했다. 참가자들에게는 이 설문 조사가 8개월 전의 실험과 연관이 있다는 것을 알리지 않았다. 이렇게 8개월의 시간차를 둔 것과 설문에 앞서 방송을 언급하지 않은 것은 조사의 정확도를 높이기 위한 조치였다.

보부아는 성격 특성을 조사하기 위해 전 세계 심리학자들이 가장 많이 사용하는 5요인 척도Big Five Factor를 사용했다. 5요인은 성격을 연구하던 수많은 심리학자들이 인간의 성격 특성은 5개라고 결론을 내려서 붙은 이름이다. 이것은 우연의 일치로 볼 수 없을 정도여서 이제는 성격 특성을 5개로 보는 것이 정설처럼 되었다. 5개는 개방성, 성실성, 외향성, 우호성, 신경증적 경향성이다.

개방성은 경험에 대해 열려 있는 것으로 상상력이 풍부하고 창의적인 특성이다. 성실성은 목표를 위해 성실하고 꾸준하게 노력하는 특성이다. 외향성은 새롭고 자극적인 것을 추구하는 성향이다. 우호성은 타인에게 친절하거나 이타적이며 대인관계에서 협력을 잘하는 특성이다. 신경증적 경향성은 불안이나 분노, 적대감과 우울, 자의식과 충동성이 높은 특성이다.

보부아는 참가자들이 연기자에게 가했던 전기 충격의 강도와 성격 특성의 관계를 통계적으로 분석해 보았다. 그 결과, 성격의 5가지 특성 중에서 우호성과 성실성만이 전기 충격의 강도와 관련이 있었다. 통계적으로 표현하면 유의미한 정적 상관이 나타났다. 즉, 타인에게 친절하면서도 이타적이고 원만하게 지내려는 특성(우호성)이 강할수록, 자신이 맡은 일을 성실하고 꾸준하게 처리하는 특성(성실성)이 높을수록 더 강한 전기 충격을 가했다는 것이다.

맙소사! 우호성과 성실성은 우리가 보통 착하다고 말하는 특성이 아닌가! 우리는 이기적이지 않고 이타적인 사람, 부모를 비롯한 윗사람들에게 공손하게 대하고 형제나 친구들과의 관계에서도 상대의 입장을 잘 헤아려 주는 사람을 착하다고 말한다. 5요인 중 우호성이다. 또한 자신에게 주어진 일을 성실하고 꾸준하게 하며 규칙을 잘 지키는 사람을 착하다고 말한다. 5요인 중 성실성이다.

보부아는 현대판 밀그램 실험을 통해 권위자의 명령에 복종하여 악을 택하는 사람은 착한 사람이라는 것을 증명한 셈이다. 보다 정확히는 착할수록 악인이 되기 쉽다고 할 수 있다.

착함의 저주에
침몰한 세월호

2014년 4월 16일 도저히 상상할 수도 없는 사건이 벌어졌다. 인천에서 출발하여 제주로 향하던 세월호가 진도 앞바다에 침몰했다. 탑승자 476명 중 304명이 차가운 바다에서 죽음을 맞이했다. 특히 이 중에는 제주도로 수학여행을 가던 안산 단원 고등학교 학생 325명 중 250명이 포함되어 있다. 대부분의 희생자가 어린 학생들이었던 것이다.

도대체 왜 이렇게 많은 학생들이 죽음을 맞이했을까? 배가 빠른 속도로 침몰하고 있었지만 구명조끼를 입고 배 밖으로 뛰어내려서 탈출하라고 방송을 했다면 이렇게나 많이 죽지는 않았을 텐데 말이다. 하지만 배가 기울고 있는 상황에서 나온 방송은 이런 내용이었다.

"현재 위치에서 절대 이동하지 마세요. 움직이지 마세요. 움직이면 더 위험하니까 움직이지 마세요."

어린 시절부터 끊임없이 "말을 잘 들어라", "지시를 따라야 한다", "착해야 한다"는 이야기를 부모와 학교에서 듣고 자란 학생들. 당연히 선박 회사 직원, 즉 해양 전문가가 했을 거라고 예상하는 선내 방송의 지시를 거부할 수가 없었다. 배가 가파르게 기우는 상황에서도 수많은 학생들이 선실에서 꼼짝하지 않고 앉아 있는 모습을 방송에서 보았을 때 느낀 먹먹함이란. 어느 희생자의 부모는 팽목항에서 "어른 말 잘 듣던 착한 아이들이 모두 바다에 빠져 죽었다, 내가 착한 아이로 키우지 말았어야 했다, 다 엄마 잘못이다"라면서 바다를 향해 소리치며 울었다.

세월호 사건이 국민의 공분을 산 이유는 해양 사고가 났다는 사실, 그리고 수많은 사람들이 죽었다는 사실 자체가 아니었다. 전 국민이 이 일에 공분을 느낀 이유는 사고 발생 이후 선장을 비롯한 승무원들의 대처 방식, 그리고 정부의 대응 방식 때문이었다.

세월호가 침몰하고 있을 때 선장은 자고 있었다. 당시 배는 1등 항해사가 운항해야 할 정도로 조류가 험한 맹골수도 지역을 지나고 있었다. 그런데도 선장은 경력이 1년도 되지 않은 신참 3등 항해사와 이전에도 급선회로 사고를 낼 뻔한 전력이 있는 조타수에게 근무를 지시했다. 가장 위험한 지역을 지날 때, 경력이 미천한 신참과 사고 경력이 있는 두 사람에게 배를 맡기는 어처구니없는 결정을 했다. 더욱 기가 막힌 일은 이런 결정을 하는 선장에게 어느 누구도 이의를 제기하지 않았다는 것이다. 그저 가만히 있었다.

선장은 유사시 마지막까지 배와 승객을 지켜야 하는 의무가 있다. 그런데도 가장 먼저 구명보트에 몸을 실었다. 더 놀라운 사실은 근무복을 입으면 해경이 마지막까지 남아 있으라고 할까 봐, 즉 구조 순위에서 밀릴까 봐 자신의 신분을 노출시키지 않으려고 사복으로 갈아입기까지 한 것이다. 승객들의 구조는 신경도 쓰지 않고 자기 먼저 살겠다고 옷을 갈아입고 탈출하는 선장은 분명 악인이다.

그런데 왜 주변의 어느 누구도 악한 선장의 탈출을 가로막고 선장에게 상황을 수습해야지 어디를 먼저 도망가느냐고 대항하지 않았을까? 또한 순직한 승무원 박모 씨가 무전으로 퇴선 명령 여부를 계속 조타실에 문의했을 때도 어느 누구도 응답하지 않았다. 악한 선장이야 자기 살겠다고 도망갈 수 있다고 쳐도, 왜 어느 누구도 선장을 대신해서 승객을 탈출시키라고 지시하지 않았을까?

이유는 간단하다. 모두가 무책임했기 때문이다. 배에서 일어나는 상황에 대한 책임은 모두 선장에게 있다고 생각했고 선장의 지시를 따르는 것이 중요하다고 생각했다. 함께 일하는 사람들과 잘 지내려고 하는 호의성과 자신에게 맡겨진 일을 성실하게 하는 성실성이 참사를 만들어 냈다.

특히 가만히 있으라는 선내 방송을 한 직원 강모 씨는 처음에는 배가 기울어지면 위험할 것 같다는 자신의 판단으로 방송을 시작했고, 이후에는 조타실에 탈출 지시 여부를 물었으나 아무런 답변이 없자 계속 같은 내용으로 방송을 했다고 한다. 주방 직원들의 말에 의하면 강모 씨는 "성실하지만 고지식한 면이 있는 사람이었다"고 한다. 이 사람 역시 순종적이고 자신의 일에 충실한 사람이었던 것이다.

세월호 내부에서 아무 생각 없이 착한 사람들이 이렇게 끔찍한 악을 행했다면, 정부를 비롯한 관계 부처에서도 아무 생각 없는 공무원들이 또 다른 악을 행하고 있었다. 무능한 대통령의 눈치만 보느라 어느 누구도 자기 목소리를 제대로 내지 못했다. 어떻게든 대통령의 심기를 불편하게 하지 않으려는 사람들만 대통령 주변에 넘쳐났기에 세월호 사건으로 인한 충격은 쉽게 가라앉지 않았다. 어디 이뿐인가? 최순실이 대통령과의 친분을 이용해 국정을 쥐락펴락할 때도 누구 하나 악역을 맡으려 하지 않았다. 국민은 좌절했고 국정은 파탄이 났다.

세월호 사건이 홀로코스트 사건과 무엇이 다른가? 세월호의 승무원들과 청와대의 공무원들이 아이히만이나 밀그램의 참가자들과 도대체 무엇이 다른가? 모두가 아무 생각 없이 무책임하고 착하기만 한 사람들이었다. 세월호는 착함의 저주에 침몰한 것이다.

뒷담화의
진실

지금까지 언급한 2차 세계대전 중의 홀로코스트, 1961
년의 밀그램 실험이나 2009년의 프랑스의 밀그램 실험, 그리고
2014년 세월호 사건에 이르기까지 나와는 별로 상관없는 악이
라고 생각하는가? 그럴 수 있다. '내가 만약 저 사람이라면', '내
가 저 상황에 있었다면'이라고 가정하기는 쉽지 않다. 이런 사
건은 자주 있는 일도 아니고 쉽게 경험할 수 있는 일도 아니니
말이다. 그렇다고 착할수록 악인이 되는 현상이 나와 상관없
는 일이 되는 것은 아니다. 일상에서 흔히 경험하는 악인 뒷담
화도 마찬가지다.

뒷담화는 당구 용어 '뒷다마'에서 유래한 말이다. 큐대로 친

공이 목적한 공에 직접 맞지 않고 벽을 치고 되돌아 나와 맞히는 방식이다. 이처럼 남의 뒤통수를 치는 이야기, 즉 그 사람 앞에서는 직접 할 수 없는 험담을 뒤에서 다른 이들과 나눈다는 뜻의 신조어다. 뒷담화는 어제오늘의 일이 아니다. 인류와 함께 시작되었다.

사람들은 얼마나 뒷담화를 할까? 모 언론사가 20대부터 40대까지의 남녀 직장인 대략 1,000명을 대상으로 뒷담화에 대한 설문조사를 진행한 적이 있다. 조사에 따르면 하루 중 뒷담화를 하는 시간이 평균 30분 정도라고 응답한 사람이 34.2%로 가장 많았고, 그다음은 30분에서 1시간이 26.1%였으며, 18.5%는 1시간 이상이라고 응답했다. 뒷담화를 전혀 하지 않는다고 응답한 사람은 12%뿐이었다. 또 다른 조사에서는 사람들의 대화를 분석해 보았더니 전체 대화 중 3분의 2가 대화하는 당사자들이 아닌 3자에 대한 이야기, 즉 뒷담화였다고 한다.

뒷담화가 이렇게 일상적인 일이기는 하지만, 그렇다고 가볍게 넘길 일은 아니다. 대중의 관심을 먹고사는 연예인이나 정치인도 자신의 이야기가 사람들의 입에 가십거리로 오르내리는 것에 적지 않은 스트레스를 받는다. 많은 이들이 대인 기피증과 우울증으로 고통받고 심하면 자살로 이어진다. 많은 시간을 다른 사람들과 함께 보내는 학교나 직장에서 뒷담화의 대상이 된다는 것은 끔찍하다. 이런 상황에서의 뒷담화는 단지 가십으로 끝나는 것이 아니라 따돌림이나 차별로 이어지기 때문에 그 파장은 적지 않다.

뒷담화는 왜 할까? 영국 리버풀 대학의 심리학자 던바R. I. M. Dunbar는 뒷담화에 중요한 기능이 있다고 한다. 그 기능이란 자신이 속한 사회나 조직, 집단에 손해를 줄 수 있는 사람이 있지 않은지 살펴보고, 만약 그런 사람이 있다면 그 사람에 대한 위험성을 주변 사람들에게 알려서 피해를 예방하는 것이다. 특히 어떤 노력이나 기여도 하지 않으면서 다른 사람의 성과에 편승하여 쉽게 가려는 무임승차를 막기 위해서라고 한다.

일리가 있다. 대개 좋은 사람보다는 나쁜 사람, 바람직한 행동을 하는 사람보다는 이상한 행동을 하는 사람에 대한 이야기가 뒷담화다. 그 사람 자체가 나쁘거나 이상한 행동을 한다는 것이 아니다. 대부분은 좋게 보지만 가끔 이상하다면, 겉으로는 좋아 보이나 사실은 나쁜 면도 있는 것 같다면 얼마든지 뒷담화의 주인공이 될 수 있다. 물론 시기와 질투 때문에 악의적으로 왜곡된 정보와 거짓 뉴스를 만들어서 퍼뜨리는 사람도 있지만, 이 이야기를 옮기는 수많은 사람들은 '쟤가 이상하다던데, 내 친구에게 조심하라고 알려 줘야지', '쟤가 사실은 성격이 안 좋다던데, 사람들이 잘 모르는 것 같으니 알려 줘야겠다. 속아서 사기당하지 않게 해야지'와 같은 마음일 것이다.

이처럼 심리학자들은 뒷담화가 조직과 집단의 안전을 위한 기능을 한다고 보았다. 그렇다면 뒷담화를 즐겨하는 사람들, 즉 남 이야기를 뒤에서 하는 사람들은 누구일까? 캐나다 토론토 대학의 심리학자 매튜 파인버그Matthew Feinberg에 따르면, 성격이 까칠하고 차가운 사람보다는 착하고 남을 돕기 좋아하는 사람이 뒷담화를 즐겨할 가능성이 높다. 앞서 말했듯이 뒷담화는 자신이 속한 사회와 조직에 피해를 줄 수 있는 사람을 조심하라고 알리는 기능이 있기 때문이다. 어쨌든 꽤 이타적인 행동인 셈이다. 파인버그는 실험을 통해서 이를 증명했다.

파인버그는 참가자들을 한 곳에 모아 놓고 한 가지 게임을 진행하게 했다. 이때 진짜 참가자는 게임에 참여하는 역할이 아니라 게임을 관찰하는 역할을 부여했다. 게임에 참여하는 사람은 실험을 위해 고용된 연기자였다. 이 사실을 모르는 참가자는 한 참가자 A가 다른 참가자 B를 속이는 장면을 목격했다. 그리고 어떤 감정을 느꼈는지 확인했더니, 평소보다 부정적 감정을 많이 느끼는 것으로 나왔다. 당연히 공정해야 할 게임에서 상대를 속이는 행동을 보았으니 불쾌할 수밖에. 이때 실험자는 참가자들에게 이렇게 말했다.

"잠시 후 A와 새로운 참가자 C가 게임을 하게 될 텐데, 여러분이 원하신다면 C에게 도움이 될 만한 정보를 알려 주셔도 됩니다."

실험자는 참가자들에게 일종의 뒷담화를 할 기회를 제공한 셈이다. 대부분의 참가자들은 C에게 A에 대한 정보를 주었다. 게임에서 속임수를 쓸 수도 있으니 조심하라는 내용이었다. 그런 다음 참가자들의 감정을 조사했다. 그랬더니 놀라운 일이 벌어졌다. 이타성이 높은 참가자들의 경우 부정적 감정이 상당히 감소한 반면, 이타성이 낮은 참가자들은 부정적 감정의 변화가 거의 없었다. 다시 말해 다른 사람을 돕기 좋아하는 소위 착한 사람들은 뒷담화를 했을 때 기분이 좋아졌다.

착하다는 것은 타인을 걱정하고 위한다는 의미다. 그래서 자신과 상관없더라도 타인의 안녕을 추구하고, 그 사람에게 발생할 수 있는 손해를 막아 주려고 노력한다. 즉, 착한 사람들이 뒷담화를 한다. 물론 뒷담화의 내용은 부정확하고 왜곡된 경우가 많아서 뒷담화의 대상이 되는 사람은 엄청난 고통을 겪는다.

하지만 뒷담화에 몰두하는 착한 사람들에게는 그들의 안위가 중요치 않다. 그들은 이미 악인이니까. 착한 사람들은 악인을 조심하라고 열심히 경고하면서 자신이 속한 사회나 조직,

집단을 보호하려고 하는 것이다. 이들의 입장에서는 뒷담화가 아니라 악인을 고발하는 착한 행동이었다고 생각할 테니 기분이 좋아질 수밖에! 착할수록 악인이 되는 일상의 경우가 뒷담화인 셈이다.

착하게만 살아서는
안 되는 이유

—

    부모들은 아이들에게 착하게 좀 굴라고 잔소리를 하고, 학교에서는 착한 어린이가 최고라고 가르친다. 그런데 착하면 좋은가? 착한 것이 좋은 것인가? 무엇이 착한 것인가? 사실 착함과 악함의 기준은 모호하다.

    평화로운 세상에서 무고한 시민을 죽이면 살인자이나, 외세가 침략했을 때 침략자를 죽이면 의사義士다. 부정하게 재산을 모은 부자가 성실하게 살아가는 가난한 사람의 재산을 탈취하여 다른 사람들에게 나눠 주면 대대로 욕을 먹지만, 반대로 부정한 방법으로 재산을 모은 부자들을 털어서 가난에 찌든 이들에게 나눠 주면 시대의 영웅인 의적義賊이 된다. 사리사욕을 채

우는 상관의 명령을 착하게 열심히 따르면 그 부하도 악인이
나, 부하가 상관에게 대들면서 명령을 거부하면 선인이다.

이런 면에서 착함과 악함은 맥락과 상황에 따라 달라진다.
무조건 사람들과 잘 지내고 규칙에 순종하는 것이 착한 것이
아니다. 마찬가지로 사람들과 갈등이 많고 규칙을 어기는 것
도 언제나 나쁜 것은 아니다.

왜 어른들은 아이들에게 착함을 강조할까? 이유는 분명하
다. 착해야, 즉 타인에게 친절하고 주어진 일을 성실하게 해야
키우기가, 가르치기가 쉽기 때문이다. 한마디로 통제하기가 편
하다. 자신들이 편하자고 아이들에게 언제나 착하라고만 가르
쳐서는 안 된다. 착한 것은 주어진 환경에 순응하라는 것이기
때문이다.

만약 세상이 언제나 아름답고 주변에 선인들로 가득 차 있다
면 착할수록 선인이 될 것이다. 그러나 세상은 언제나 아름다
운 것도 아니며 악인들이 넘쳐난다. 특히 어느 조직이든지 윗
사람들 중에는 악인이 많다. 이런 사람들 밑에서 착하기만 하
다면 지금까지 살펴보았던 것처럼 자신도 악인이 될 것이다.
아이히만은 히틀러를 비롯해 나치당원들에게 인정받으려고
착하게 굴었다. 주변 사람들과 잘 지내려고 했고 그들의 부탁
과 지시를 아주 성실하게 수행했다. 밀그램 실험에 참가했던
사람들도 그랬고, 세월호의 승무원들도, 청와대 공무원들도 그

랬다. 또한 지금도 주변 사람들에게 누군가의 험담을 전하면서 "그 사람을 조심해"라고 뒷담화하는 사람들도 그렇다.

◇ **내가 속한 전체를 보라**

착할수록 악인이 되는 역설에 빠지지 않으려면 두 가지를 기억하자. 첫 번째는 전체 흐름을 알아야 한다.

많은 이들이 조직의 한 구성원으로서 일한다. 일의 전체 흐름을 보기보다는 세부적인 지시와 업무만을 수행한다. 이러다 보면 자신이 하는 일이 결국은 누군가를 죽이거나 환경을 파괴하는 끔찍한 일일 수도 있다. 홀로코스트 사건도 마찬가지다. 만약 홀로코스트에 어떤 식으로든 참여했던 사람들에게 이렇게 명령했다면 어떨까?

"지금 당장 수용소에 있는 유태인들을 독가스실로 데리고 가서, 문을 닫고, 밖에서 가스 밸브를 열도록 해. 시간이 지나 유태인들이 죽으면 안에서 인기척이 들리지 않을 거야. 그때 방독면을 쓰고 들어가 시체를 끌어내서 수레에 싣고 소각로로 옮겨. 소각로의 온도를 올리고 그 안에 시체를 한 구씩 집어 던져 넣어!"

이 모든 일을 하라고 한다면 제 아무리 나치당원이라도 상당수 사람들이 거부했을 수 있다. 그러나 이 모든 과정은 세분화되었다. 그래서 사람들은 자신이 무엇을 하는지 몰랐다.

어떤 사람은 그저 유태인을 독가스실 앞으로 데리고 가기만 했다. 그다음 사람은 그들을 독가스실로 들어가게 했다. 그다음 사람은 가스 밸브를 열었다. 그다음 사람은 시체를 꺼내서 수레에 실었다. 그다음 사람은 수레를 소각로 앞으로 옮겼다. 그다음은 사람은 소각로에 시체를 집어넣었다. 그다음 사람은 소각로에 불을 붙였다.

도대체 누가 이들을 죽였는가? 아무도 죽이지 않았다고 생각할 것이다. 모든 과정이 세분화되어 있기 때문이다.

밀그램 실험에 참여했던 이들도 자신들의 역할을 그저 교사로, 지시를 따르는 사람으로 국한시켰기 때문에 그런 일을 저질렀다. 세월호의 승무원들 역시 자신들의 역할을 제한시켰다. 뒷담화는 당장 주변 사람들에게 좋은 정보를 제공한다고만 생각했다.

이처럼 전체 흐름을 보지 못하고 세분화된 것만을 보며 그 일만 한다면 착할수록 악인이 되기 쉽다. 물론 조직에서 전체 흐름을 파악하기란 어렵다. 당장의 업무를 처리하기에도 빠듯하니 말이다. 그래서 많은 이들이 아무 생각 없이 악인이 되는 것 아니겠는가! 이런 실수를 범하지 않으려면 전체 흐름을 알기 위해 애써야 한다.

◇ **사람의 감정을 느껴라**

두 번째로는 사람을 대상화시키지 말아야 한다. 물건 취급을 하지 말아야 한다는 것이다.

나치당원에게 유태인은 사람이 아니었다. 전쟁을 위해 필요한 노동을 제공하는 일 기계였고, 나중에는 적절히 처리해야 할 쓰레기였을 뿐이다. 사람을 사람으로 보지 않고 어떤 목적을 위한 수단으로 본다면, 착할수록 악인이 될 수 있다. 밀그램 실험에서도 참가자들은 상대 참가자를 학생이라는 역할로만 보았다. 그러면서 동시에 자신도 교사라는 역할에 국한시켰다. 전기 충격을 받고 소리를 지르는 상대는 사람이 아니었다. 그저 학생 역할을 맡은 누군가였을 뿐이다.

세월호 선장이 배에서 탈출하려고 할 때 부상당해 쓰러져 있는 조리원 2명과 마주쳤다. 이때 조리원들이 살려 달라고 울부짖었으나 이를 무시했다. 단지 무시한 정도가 아니라 그들을 장애물 뛰어넘듯 지나간 것으로 밝혀졌다. 당시 세월호 선장에게 조리원은 사람이 아니었다. 평상시에도 사람보다는 조리원이라는 역할에 불과했으며, 자신의 목숨을 살려야 할 긴박한 순간에는 그저 뛰어넘어야 할 장애물이었다.

사람을 대상화하지 않으려면 상대의 역할보다는 감정에 집중하고 역지사지의 마음을 가질 수 있어야 한다. 아이히만을 비롯해 수많은 나치당원에게 유태인은 그저 처리해야 할 대상에 불과했지만, 독일인 사업가 오스카 쉰들러Oskar Schindler에게 유태인은 사람이었다. 사랑하는 가족과의 이별로 슬퍼하고 고통을 받아 괴로워하며 죽음 앞에서 두려워하는, 감정이 있는 사람이었다. 그 감정이 보였기 때문에 그는 1,200명이나 되는 유태인을 구했던 것이다.

밀그램 실험의 참가자가 상대 참가자의 감정에 집중했더라면 과연 450V까지 전기 충격을 가했을까? 세월호 사건의 선장이 배 안에 타고 있던 승객의 감정과 조리원의 감정을 보고 느꼈다면 그냥 지나쳤을까? 뒷담화의 주인공이 진실을 알게 될 때 얼마나 괴로워하고 힘들어할지를 알아도 뒷담화를 계속할까?

◇ **착하게 살기보다는**

착하게 굴라는 말은 그저 상대를 통제하기 위한 말이다. 그러니 상대를 통제하고 싶을 경우 착하게 굴라고 말하고, 자신도 누군가의 통제를 받고 싶다면 착하게 살아야겠다고 고집하라. 하지만 내가 선택하지도, 의도하지도 않았는데 어느 순간 천하의 악인이 될 수 있는 가능성을 줄이고 싶다면, 착함과 악함이라는 단순한 틀을 벗어던져야 한다.

그다음 미시적인 관점보다는 거시적인 관점으로 전체 흐름을 살펴야 한다. 또 나로 인해 지금 고통을 받는, 또 앞으로 고통을 받을 수 있는 사람들의 감정을 역지사지의 마음으로 느낄 수 있어야 한다. 악인이 되는 한이 있더라도 불의에 저항하고 옳은 선택을 하는 용기도 필요하다. 때로는 주변 사람들과 갈등하고 미움을 받는 것도 좋다. 그리고 나로 인해 누군가 고통을 받게 된다면 차라리 불성실과 나태함을 택할 수 있어야 한다.

한나 아렌트의 말처럼 아무 생각 없이 살면 누구나 아이히만이 될 수 있다.

✔ 홀로코스트라는 끔찍한 악에 참여했던 아이히만은 너무나 평범한 사람이었다. 그는 그저 시키는 대로 했을 뿐이라고 항변했다. 이에 대해 한나 아렌트는 악의 평범성을 강조하면서, 아이히만의 잘못은 생각의 무능이라고 했다.

✔ 밀그램은 상황의 압박을 받으면 누구나 쉽게 권위에 복종할 수 있음을 증명했다. 특히 타인들과 잘 지내려고 하고 주어진 일을 성실히 하는 착한 사람들이 복종하는 경향이 있다.

✔ 일상에서 누구나 쉽게 하는 뒷담화 역시 그 대상인 사람들에게 끔찍한 고통을 준다는 점에서 악이다. 그런데 뒷담화를 많이 하는 사람 역시 착한 사람들인 경우가 많다.

✔ 착함의 역설에 빠지지 않으려면 전체 맥락을 확인해야 하고 사람의 감정에 주목해야 한다.

✔ 아무 생각 없이 착하게 살면 누구나 악인이 될 수 있다.

도망칠수록 더 두려워지는 이유

• 두려움의 역설 •

사람이
무서운 사람

———

　상담실 문을 열고 들어온 희민은 큰 키에 이목구미가 뚜렷한 여성이었다. 겉으로만 보면 당당해 보이는 모습이었다. 그런데 주저하는 듯한 행동과 불안해하는 표정, 그리고 창백한 얼굴은 그녀가 긴장하고 있음을 알려 준다. 조심스럽게 마주 앉은 희민에게 접수 면담에 대해 소개했다.

　"저는 희민 씨가 심리상담 서비스를 원하는 이유를 확인하고, 희민 씨에게 필요한 심리 서비스를 제안하고, 희민 씨와 함께할 상담자를 연결해 드립니다. 오늘은 본격적인 심리상담을 시작하기 위한 준비 과정으로 접수 면담이라고 해요."

희민은 시선을 아래로 고정한 채 고개만 끄덕거린다. 내가 한 말을 제대로 들었는지, 아니면 마음이 힘들어서 다른 생각을 하고 있는지 모르겠다.

순간 오늘의 접수 면담이 쉽지 않겠다는 생각이 든다. 접수 면담에서는 제한된 시간 동안에 내담자가 어떤 이유로 상담을 받고 싶어 하는지, 현재의 어려움이 언제 시작되었고 얼마나 힘든 상황인지 파악해야 한다. 본격적인 심리상담이라면 오늘 할 이야기를 다 못 해도 다음 상담을 기약할 수 있지만, 접수 면담은 한 번뿐이라 내담자가 적극적으로 참여하지 않으면 어려울 수밖에 없다.

어렵다고 주저할 시간도 없다. 이럴수록 마음을 다잡아야만 한다.

"희민 씨, 심리상담을 받으려는 이유를 말씀해 주시겠어요?"

"저는… 사람이… 무서워요."

사람이 무섭다고 말하는 그녀의 진정성은 떨리는 목소리와 아래를 향하는 시선을 통해 충분히 전달되었다. 이럴수록 내담자가 더 편안함을 느끼도록 해야 한다. 그래야 두려움을 이겨내고 조금이라도 말을 할 수 있기 때문이다. 어떻게 그다음 말을 이어 갈까 잠시 고민하고 있는 사이에 그녀는 손가방에서 종이 두 장을 주섬주섬 꺼내더니 나에게 내밀었다. 무슨 서류인가 싶어서 받아 보니, 서류가 아니라 자신이 하고 싶은 말을 적은 글이었다.

저는 사람에 대한 두려움과 공포가 있습니다. 그래서 제 증상을 말로 설명하기가 어려워서 이렇게 편지로 써 왔습니다. 양해해 주시면 감사하겠습니다.

제 증상을 인터넷에 검색해 보니 대인공포증, 사회 공포증이라고 하더군요. 사람들의 시선이 두렵고 힘듭니다. 사람들이 저를 부정적으로 평가한다는 생각이 듭니다. 길거리에서도 사람들이 저를 쳐다본다는 생각이 들어서 심장이 뛰고 식은땀이 납니다.

어렸을 때부터 소심하고 내성적인 성격이었죠. 손을 들고 발표하는 것도 힘들었고, 친구들 앞에 나가서 무언가 말하는 것은 더욱 어려웠죠. 하지만 꼭 해야 하는 상황에서는 힘들더라도 했습니다. 많이 떨기는 했지만요. 그래서 친구들과 둘러 앉아 이야기할 때만큼은 크게 두렵거나 떨리지는 않았습니다.

대학에 입학해서도 조별 발표하는 과목들은 피하면서 그럭저럭 지냈습니다. 그런데 3학년 때 조별 발표를 해야 하는 수업은 전공 필수라 피할 수 없었습니다. 이 수업은 두 명이

한 조가 되어서 발표를 하는 것이었는데, 저는 제 짝에게 모든 발표 준비를 다 할 테니 발표만큼은 맡아 달라고 했죠. 제 짝은 1학년 때부터 단짝이었기에 제 상황을 충분히 이해해 주었습니다. 그래서 둘이 함께 발표 준비를 했고, 발표 자료는 제가 만들었죠. 그런데 정작 발표를 해야 하는 날, 그 친구가 오지 않았습니다. 연락해 보니 학교 오는 길에 크게 넘어졌는데 오른쪽 발목 인대에 손상이 생겨서 병원에 가는 중이라고 했습니다. 저는 순간 당황했습니다. 그 친구는 저에게 힘들겠지만 발표를 잘 마쳐 달라고 부탁하더군요.

강의실로 들어가고 싶지 않았습니다. 심장이 터질 것처럼 뛰고 식은땀이 나기 시작했죠. 하지만 다른 한편으로는 도망가고 싶지 않은 마음도 있었습니다. 대학을 졸업하고 취직하려면 면접도 봐야 하고, 또 직장에 들어가면 남들 앞에 서야 하는 상황을 피할 수 없을 테니까요. 언젠가는 극복해야 할 것이라고 생각하고 있었습니다. 너무 갑작스러웠지만 차라리 이렇게 도망갈 수 없는 상황이 기회일 수 있겠다는 생각도 조금 들었습니다.

결국 수업이 시작되었고 저는 발표 자료를 들고 앞으로 나갔습니다. 대략 50여 명의 학생들이 저를 쳐다본다는 사실에 기가 눌려서 어떻게든 빨리 그 자리를 벗어나고 싶었고, 떨리는 목소리로 발표 자료만 줄줄 읽었죠. 고개를 숙이고 있었지만, 학생들이 제 발표에 집중하지 않는다는 것은 알고 있었습니다. 그렇게 15분 정도가 흘렀을까요, 저는 질문도 받지 않고 황급히 자리에 돌아와 앉았습니다.

그때 교수님은 "발표자가 저렇게 떨고 있으니, 듣는 우리까지 떨리는 것 같네요"라고 말씀하셨고, 이내 강의실은 웃음바다가 되었습니다. 저는 그때 정말 죽고 싶었습니다. 고개를 들 수가 없었죠. 당장이라도 강의실을 뛰쳐나가고 싶었지만, 그러면 오히려 더 주목을 받을 것 같아서 나가지도 못하고 남은 시간 동안 사시나무처럼 떨었습니다.

겨우 악몽 같은 시간이 끝나고 강의실을 뛰쳐나와 곧장 집으로 향했습니다. 집에 오는 내내 울었습니다. 그리고 화가 났습니다. 갑작스러운 사고로 학교에 못 온 친구나, 제 모습을 보고 한마디 한 교수님이나, 제 발표에 집중하지 않고 또 교수님 말에 웃음보가 터진 학생들에게 화가 난 것이 아닙니다. 바보처럼 발표한 저에게 화가 났죠.

그다음 날 아침에 학교 갈 생각을 하니 긴장되고 무섭고 떨리기 시작했습니다. 그래도 억지로 힘을 내서 갔죠. 캠퍼스에 들어섰는데 학생들이 저를 쳐다본다는 느낌이 들었습니다. 분명 그 수업을 들은 학생은 50여 명 정도였는데, 마치 캠퍼스의 모든 학생이 그 자리에 앉아서 저를 비웃은 학생들처럼 느껴졌습니다. 그 이후로 도저히 학교에 나갈 수 없어서 휴학했습니다. 그리고 정신과에 다니면서 항불안제를 처방받아서 먹기 시작했죠.

여전히 사람이 두렵습니다. 이제는 길거리에 지나가는 사람들도 저를 이상하게 보는 것 같아요. 제가 위축되어 있고 자신감이 없으니 스스로를 불편하게 여기겠죠. 그래서 집 밖으로 나가는 것도 어렵습니다. 당연히 친구나 친척을 만나는 것도 힘듭니다. 제가 과연 나아질 수 있을까요? 복학하고 취직도 하고 정상적인 삶을 살 수 있을까요?

글을 읽으면서 희민의 고통이 어느 정도인지 충분히 이해할 수 있었다.

사회 공포증은 말 그대로 사회적 상황에 대해 극심한 두려움을 겪는 증상이다. 사회 공포증으로 고통받는 사람은 얼마나 될까? 전문가들은 그 수가 얼마인지 가늠할 수조차 없다고 말한다. 왜냐하면 심각할수록 관계를 회피하고 혼자 지내기 때문이다.

일본에서 오래 전부터 사회적 문제가 되고 있는 은둔형 외톨이도 사회 공포증의 변형이라고 할 수 있다. 은둔형 외톨이는 더 이상 일본만의 문제가 아니다. 우리나라에도 이 문제가 점점 심각해지고 있는데, 정확한 통계조차 낼 수 없을 정도로 많은 이들이 세상과, 사람들과 단절하고 지낸다. 이들의 수에 대해서는 추론만 할 뿐인데, 전문가에 따라서 10만 명 혹은 30만 명 정도라고 한다.

"글을 읽으니 희민 씨가 얼마나 힘들었는지 알 수 있을 것 같아요. 사실 용기를 내서 상담실까지 찾아오는 것도 쉽지 않은데 이렇게 미리 써 오기까지 했으니 얼마나 이겨내고 싶은지도 잘 알겠어요."

내 이야기를 듣고 희민은 울기 시작했다. 울면서 천천히 말했다.

"선생님, 저는 도망가고 싶어요. 너무 두려워요, 사람들이. 영원히 혼자 지내고 싶은데, 막상 그러려면 너무 외롭고 힘들어요. 저를 이해해 주는 사람이 제 주변에는 없어요. 제가 나아질 수 있을까요?"

두려움이라는
감정의 정체

—

두려움은 인간의 생존을 위해 꼭 필요한 감정이다. 원시 시대부터 인간은 두려움을 느꼈기 때문에 온갖 위험으로부터 자신과 가족 그리고 종족을 보호할 수 있었다. 두려움을 느끼지 않았다면 인간은 맹수에게 물려 죽거나 온갖 자연재해로 종말을 맞이했을 것이다.

현대인에게도 두려움은 여전히 유용하다. 맹수들의 위협으로부터 벗어나기 위해 동물을 한 곳에 가두어 놓거나 사람들이 가까이 접근하지 않도록 곳곳에 안내판을 설치한다. 화산 폭발이나 산사태와 눈사태를 미리 예측하기 위해 많은 데이터를 모으고 최첨단 장비를 통해 위험을 예측한다. 이런 노력으로 맹수나 자연재해를 무서워하는 현대인은 적은 편이다.

오늘날에는 교통사고가 두려움의 주된 원인이다. 자동차, 비행기, 기차, 선박처럼 인류가 편리함을 위해 고안한 교통수단이 오히려 인류의 목숨을 위협할 때가 있다. 그래서 부모들은 아이들이 위험에 빠지지 않도록 끊임없이 차를 조심하라 가르친다. 과학자들은 교통수단의 안전성을 향상시키기 위한 기술을 개발하고, 정부는 이를 뒷받침하기 위하여 각종 제도를 발전시킨다.

◇ 감정은 '해석'이다

구체적으로 두려움은 어떤 식으로 우리를 위험으로부터 보호할까? 그 비밀은 신체 반응에 있다. 길을 가고 있는데 갑자기 호랑이가 당신을 향해 달려온다고 생각해 보자. 아, 지금은 원시 시대가 아니니까 호랑이 대신 오토바이로 바꿔야겠다.

오토바이가 당신을 향해 달려온다면 당신의 몸과 마음은 어떻게 반응할까? '오토바이가 나를 치면 난 죽거나 큰 부상을 입겠구나!' 생각하고, 이런 생각을 하니 '두렵다'라는 감정을 머리로 인식한 후, 주위를 둘러보면서 '잔디밭이 있는 오른쪽으로 몸을 던지는 것이 좋겠다'고 판단한 다음, 심장을 빨리 뛰게 하면서 팔과 다리에 힘을 주어 계획을 실행에 옮기는가? 아니다.

우리의 몸과 마음은 이런 식으로 반응하지 않는다. 만약 그랬다가는 불과 몇 초 사이에 오토바이의 앞바퀴를 품에 안은 채로 하늘을 날게 될 것이다.

보통 이런 상황에서 우리의 몸과 마음은 이렇게 반응한다. 자신을 향해 달려오는 오토바이를 보는 순간 심장이 뛰면서 팔다리에 힘이 들어가고 어느 쪽이든 상관없이 우선 몸을 던지고 본다. 몸을 던지면서 자신도 모르게 질끈 감았던 눈을 뜨고 상황을 파악하기 위해 두리번거린다. 오토바이가 자신을 비켜간 사실에 안도하면서도 여전히 쿵쾅거리는 심박과 등에 줄줄 흐르고 있는 식은땀을 느끼면서 '두렵다'라는 감정을 인식한다. 그리고 나서야 '만약 오토바이가 나를 쳤으면 난 죽거나 큰 부상을 입었을 거야'라고 생각하고, '마침 몸을 던진 이쪽에 잔디밭이 있어서 다행이다'라고 안심한다.

즉, 두려움이라는 감정을 먼저 느끼고, 그다음 신체 반응(심박 증가, 과호흡)이 일어나고, 그다음 몸을 피하는 행동을 취하는 것이 아니다. 실제로는 위험을 인식하는 순간 신체 반응과 상황 판단이 동시에 일어나서 일단 행동을 하고, 그다음 감정을 인식한다. 한마디로 하자면, 두렵기 때문에 신체가 반응하는 것이 아니라 신체가 반응한 다음에 두려움이라는 감정을 인식한다.

이런 상황에서 우리의 신체는 소위 싸우거나 도망가기 반응Fight or Flight Response을 보인다. 위협하는 대상과 맞서서 이길 수 있는 상황이면 싸우고, 승산이 없다면 도망가는 것이다. 싸우거나 도망가기 반응은 교감신경계가 작동한 결과다. 구체적으로는 심장박동이 증가하여 피를 더 빠르게 온몸의 근육으로 보내고, 호흡이 빨라져서 많은 산소를 들이마시며, 동공은 커져서 외부의 정보를 더 많이 수집하고, 소화기관과 배설 작용은 일시적으로 억제되며, 손에 땀이 난다. 이 일련의 과정은 아주 빠르게 자동적으로 일어난다. 엄밀히 말하면 두려움이라는 감정을 인식하기 전에 우리의 신체가 먼저 반응하는 셈이다.

두려움이라는 감정을 먼저 느끼고 그에 따라 신체가 반응하는 것이 아니라, 신체가 먼저 반응하고 그다음 두려움이라는 감정을 알아차린다는 이야기가 잘 와 닿지 않는가? 다음의 심리학 실험을 살펴보자.

◇ 감정은 '경험'이다

미국 컬럼비아 대학교의 심리학자 스탠리 샥터Stanley Schachter와 제롬 싱어Jerome Singer는 '새롭게 개발한 비타민 보충제가 시각에 미치는 영향'을 연구한다며 참가자들을 모집했다. 보충제를 주사로 투여하고 약효가 돌 때까지 20분간 대기실에서 기다리게 한 후에 시력 검사를 받게 했다.

사실 이 실험의 진짜 목적은 정서와 인지의 관계를 확인하는 것이었다. 주사제는 비타민이 아니라 에피네프린이었다. 에피네프린은 일종의 각성제로, 우리 몸에서 심장박동을 증가시키고 호흡을 가빠지게 하며 얼굴에 열이 나고 손이 떨리는 증상을 초래한다. 인위적으로 신체 각성을 일으킨 다음 어떤 상황에서 감정을 느끼는지 알아보려는 것이다.

참가자들은 주사를 맞은 후 20분간 대기실에서 기다리라는 지시를 받았다. 이때 참가자인 척 고용된 연기자가 실험에 대해 불평하기 시작한다. 분위기는 점점 험악해졌다. 그런데 대기실에 들어오기 전 투약을 할 때, 첫 번째 조건의 참가자에게는 약물(비타민 보충제로 알고 있는) 투여 후 나타날 수 있는 신체 증상에 대해서 이야기해 주었고, 두 번째 조건의 참가자에게는 아무런 정보도 주지 않았다. 세 번째 조건의 참가자들에게는 아무런 효과도 없는 식염수를 투여했다.

이 세 집단의 참가자들 중 대기실에서 다른 참가자의 반응에 동조하여 불쾌함이나 분노 같은 정서를 경험한 이들은 누구였을까? 바로 두 번째 조건의 참가자들이었다. 첫 번째 조건의 참가자들은 에피네프린의 효과가 몸에서 나타날 때 연구자들로부터 들었던 정보를 떠올렸다. 자신의 신체 반응이 투약 때문이라고 생각하니 별다른 감정을 보고하지 않았다. 세 번째 조건의 참가자들은 아무런 신체 반응이 없었기 때문에 역시 별

다른 감정을 보고하지 않았다.

그러나 두 번째 조건의 참가자들은 대기실에 있는 동안 신체가 각성되었을 때 그 원인을 찾을 수 없었다. 이때 자신과 같은 처지의 참가자가 실험에 대해서 불평하면서 분노를 터트리는 것이 아닌가! 이들은 자신들의 신체 반응의 원인을 바로 여기에서 찾았다. 자기들 역시 이렇게 무작정 사람을 기다리게 하는 이 실험이 마음에 들지 않기에 화가 난다고 인식했다.

실험은 여기서 끝나지 않았다. 다른 참가자들을 대상으로 한 실험에서는 대기실 분위기를 좋게 만들어 보았다. 참가자로 가장한 연기자가 사람들에게 재미있는 이야기를 하면서 깔깔 웃게 만든 것이다. 그러자 이번에도 첫 번째와 세 번째 참가자들은 감정을 경험하지 않았던 반면, 두 번째 조건의 사람들은 자신들의 신체 반응을 즐거움과 행복감으로 인식했다.

이 실험이 의미하는 것은 분명하다. 감정을 인식하기 전에 신체 반응이 먼저 시작된다는 것이고, 또한 동일한 신체 반응도 분노와 행복감처럼 전혀 상반된 감정의 토대가 될 수 있다는 것이다.

두려움도 그렇다. 두려움을 먼저 느끼고 신체가 반응하는 것이 아니라, 신체가 반응한 다음 그것을 토대로 두려움이라는 감정을 인식하는 것이다. 그런데 두려움으로 귀결되는 신체 반응은 사람에 따라서는 흥분과 놀라움, 짜릿함으로 연결되기도 한다. 등골이 오싹할 정도의 공포 영화나 공포 체험을 생각해 보자. 두려움에 떠는 사람이나 너무 재미있다면서 계속 하자는 사람의 신체 반응은 동일하다. 같은 신체 반응이지만 이전의 경험에 따라 두려움을 느끼는 사람이 있고, 반대로 흥분을 느끼는 사람도 있다.

도망가 봐야
소용없다

심리상담센터를 찾는 이들 중에는 두려움 때문에 고통 받는 사람들이 적지 않다. 구체적으로 어떤 증상들이 있을까?

정신과 의사들과 심리학자들이 정신장애의 진단 기준으로 삼고 있는 정신질환의 진단 및 통계 편람Diagnostic and Statistical Manual of Mental Disorders, 이하 DSM-5에 따르면 두려움과 연관시킬 수 있는 대표적인 것이 불안 장애다. 전문가들은 특정 대상이 존재하는 두려움Fear과 대상이 없는 막연한 느낌의 불안Anxiety을 구분하기도 하지만, DSM에 언급된 불안 장애는 이 두 감정으로 고통받는 경우를 다 포함한다.

불안 장애 중 가장 대표적인 것은 공포증이다. 구체적으로 특정, 사회, 광장 공포증이 있다.

◇ 두려움으로 고통받는 사람들

특정 공포증 Specific Phobia 은 특정한 대상이나 상황에 노출되었을 때 심각한 두려움을 느끼는 것으로, 대상이나 상황에 따라 동물형, 자연환경형, 혈액-주사-손상형, 상황형으로 세분화된다. 동물 공포증은 새, 벌레, 개, 고양이를, 자연환경 공포증은 천둥이나 번개, 심해心海를, 혈액-주사-손상 공포증은 피, 주삿바늘, 피부의 손상이나 괴사된 피부를, 상황 공포증은 폐소閉所, 고소高所 상황을 두려워한다.

사회 공포증 Social Phobia 은 다른 말로 사회불안장애 Social Anxiety Disorder 라고도 한다. 사회적인 상황에서 느끼는 두려움이 특징이다. 많은 경우는 발표처럼 타인 앞에 서서 주목을 끌게 되는 상황에 공포를 느낀다. 이것이 심각해지면 희민처럼 친구와 마주 앉는 것조차 두려워한다. 이들이 밖으로 나가지 않는 이유는 시선에 대한 두려움 때문이다.

광장 공포증 Agoraphobia 은 광장(운동장)을 무서워하는 것이 아니다. 광장의 영어 표현은 아고라 Agora 다. 아고라는 고대 그리스의 도시국가에서 시민들이 자유롭게 만나서 토론을 하는 장소였다. 이런 면에서 광장은 집처럼 자신의 사적 공간이 아닌 모든 공적 장소를 의미한다. 버스나 지하철, 기차 같은 대중교통을 이용할 때 두려움을 느끼며, 비행기처럼 중도에 하차할 수 없는 폐쇄된 공간을 힘들어한다. 지하도를 다니거나 터널을 통과하는 것은 물론, 사람들이 많이 있는 번잡한 거리를 걷는 것도 어려워한다. 이런 장소를 가려면 동행자가 있어야 한다. 그 이유는 공황 발작 때문이다.

공황 발작은 두려움으로 귀결되는 여러 신체 반응이 몇 분 이내에 최고조에 도달하는 것이다. 구체적으로는 심장박동 증가, 식은땀 흘림, 몸의 떨림, 숨 가쁜 느낌, 누군가 목을 조르는 것 같은 질식감, 흉부 통증이나 답답한 느낌, 토할 것 같은 느낌이나 복부 불편감, 현기증, 오한, 감각의 이상이나 마비된 느낌이다. 이상의 신체 증상과 함께 심리적 증상도 있다. 비현실감(내가 세상과 분리된 것 같은 느낌)이나 이인증(사기 스스로 낯설게 느껴지는 느낌), 이러다가 미쳐 버릴지도 모른다는 통제력 상실에 대한 두려움과 죽음에 대한 두려움이 있다.

공황 발작은 촉발 사건 없이 갑작스럽게 나타나는 신체 증상이라서 예상하기 어렵다. 그래서 조금이라도 불안하고 걱정되는 상황과 장소를 피하기 위해 주로 집에만 있게 된다. 집에 있으면 불안이 덜하고, 혹시라도 공황 발작이 일어나면 가족이나 동거인이 도와줄 수 있다. 그래서 외출을 꺼려하며, 꼭 외출해야 할 상황이라면 가족이나 애인 같은 동행자를 필요로 한다.

공포증 이외에도 두려움이 특징인 정신장애로는 외상후스트레스장애 Posttraumatic Stress Disorder, 이하 PTSD가 있다. PTSD는 심리적으로 큰 충격을 받을 만한 사건을 직접 겪었거나 목격했을 때 나타날 수 있다. 테러와 각종 사건, 사고가 이에 해당한다. 2001년 미국 9·11 테러의 생존자와 목격자, 그리고 구조 활동에 참여한 수많은 구조 요원이 PTSD로 고통당했다. 우리나라의 경우는 2003년 대구지하철 참사와 2014년 세월호 사건이 대표적이다. 개인적으로 겪은 교통사고와 폭행 경험으로도 PTSD 진단을 받을 수 있다.

PTSD가 전문가들의 관심을 끌게 된 계기는 참전 용사들에게 나타난 증상 때문이었다. 전쟁이 끝났는데도 일부 참전 용사들은 마치 자신이 여전히 전쟁터에 있는 것처럼 행동할 때가 있었다. 그들은 때로 자신들이 여전히 전장에 있다고 착각한다(재경험). 또한 전쟁을 떠올릴 수 있는 것은 무조건 피하려고 하고(회피), 생각이나 감정이 부정적으로 변하며(인지와 정서의 부정적 변화), 대체로 긴장 상태로 있는데 시간이 지날수록 악화되었다(각성과 반응 악화). 이런 4가지 증상은 꼭 전쟁이 아니어도 개인적으로 충격적 사건을 경험하면 나타날 수 있다는 것이 알려졌다. PTSD 역시 두려움이 특징이다.

두려움으로 설명할 수 있는 또 하나의 정신장애는 강박장애 ObsessiveCompulsive Disorder, 이하 OCD 다. OCD는 강박사고와 강박행동이 맞물리면서 나타나는 정신장애다. 강박사고는 심한 불안이나 두려움에 사로잡히게 되는 생각이다. 이 생각은 자신의 것처럼 느껴지지 않고 외부에서 내 머릿속으로 침투해서 들어왔거나 아주 자동적으로 들기 때문에 이질감이 느껴진다.

예를 들면, 오물이 튀었을 때 온갖 세균이 내 손과 몸에 묻어 있다는 생각, 누군가를 갑자기 공격하는 상상, 조용한 공간에서 갑자기 소리를 질러야 하거나 지르게 될지도 모른다는 걱정, 이성적으로 판단했을 때 도저히 가능하지 않은 상대와 섹스를 하게 될지 모른다는 생각 등이다. 이런 생각은 보통 사회적으로 용납되기 어려운 금기禁忌인 경우가 많아서 불안하고 두렵고 고통스럽다.

이런 강박사고가 들었을 때 많은 사람들은 불안과 두려움을 떨쳐 버리기 위해서 어떤 행동을 한다. 오염에 대한 강박사고를 가진 사람은 손이나 온몸을 씻는다. 어떤 이들은 강박사고를 떨치기 위해서 정리정돈을 하고, 어떤 이들은 모든 행동을 특정 수만큼 반복한다. 핸드폰 화면을 켤 때나 문고리를 만질 때, 계단을 오를 때처럼 대부분의 사람들은 별 생각 없이 일상적으로 하는 행동을 반복하는 것이다. 이를 가리켜 강박행동이라고 한다.

강박행동은 무삭위로 하거나 대충 하지 않는다. 어떤 특정한 틀과 방법이 정해져 있다. 일종의 의식Ritual 처럼 보인다. 오염에 대한 강박사고를 떨쳐 내기 위한 씻는 행동은 그 방법이 구체적으로 정해져 있다. 당연히 시간도 오래 걸리고 에너지도 너무 많이 소모되어서 일상생활을 하는 데 방해가 된다. 강박행동에는 특정 패턴의 생각도 있다. 강박사고로 발생한 불안과 두려움이 사라질 때까지 기도문을 기계처럼 외운다든지, 홀수나 짝수 같은 특정 숫자나 아니면 특정 단어를 반복하는 것이다.

이런 OCD 역시 두려움으로 설명할 수 있다. 즉, 강박사고로 인해 생기는 심각한 불안과 두려움을 중화시키거나 약화시키고 없애기 위해서 강박행동을 하는 것이기 때문이다.

◇ **회피 전략의 한계**

이렇게 두려움으로 고통받는 사람들은 하나같이 두려움에서 벗어나기 위해 회피 전략을 사용한다. 교감신경계가 활성화되어 심장이 뛰고 호흡이 가빠지는 등 신체가 싸우거나 도망갈 수 있는 상태에 있기 때문이다. 그런데 싸우지 않고 주로 도망가는, 즉 회피하는 이유는 무엇일까? 만약 두렵게 하는 대상이 작은 강아지라면 싸우겠지만, 앞에서 이야기한 대상은 우리가 싸워서는 안 되거나 싸울 수 없는 경우이기 때문이다.

사람들의 시선이 두렵다고 해서 자신을 쳐다보는 사람들과 몸싸움을 할 수는 없는 노릇이다. 새가 무섭다고 새에게 돌을 던질까? 설사 새 한 마리를 없앤다고 끝일까? 그렇지 않다. 이 세상의 새는 셀 수 없을 정도로 많다. 광장 공포증은 어떤가? 갑자기 죽을 것 같은 두려움과 신체 반응이 나타나는데, 어떻게 혼자서 길거리를 돌아다니겠는가? 과거의 충격적인 사건을 겪은 이후로 두려움을 느끼는데, 누구와 혹은 무엇과 싸울 수 있을까? 나를 두렵게 하는 것이 내 생각인데, 눈에 보이지도 않는 생각과 어떻게 싸운다는 말인가?

그래서 두려움으로 고통받는 사람들이 취할 수 있는 유일한 전략은 도망가기처럼 보인다. 피하면 당장에는 편안해진다. 사람들이 싫으면 방 안에 혼자 있으면 되고, 개가 무서우면 개가 없는 골목으로만 다니면 된다. 공황 발작을 경험한 이후로 버스나 지하철을 혼자 못 타면, 택시를 타거나 자가운전을 하면 된다. 터널을 지나가기가 두렵다면, 시간이 오래 걸려도 돌아가면 그만 아닌가! 과거의 충격적 사건을 떠올리게 하는 모든 자극은 피하면 그만이고, 피할 수 없는 그때의 기억이 계속 떠오르면 약을 먹으면 편안해진다. 강박사고 때문에 두려움에 사로잡히면 강박행동이라는 중화제가 있지 않은가!

그런데 이런 회피 전략은 당장의 두려움은 피할 수 있지만,

궁극적으로는 더욱 피할 수 없게 만드는 역효과를 초래한다. 왜냐하면 우리 일상에는 우리를 두렵게 하는 것들이 너무나 많기 때문이다. 사회 공포증인 사람은 영원히 사람을 피할 수 없으며, 새 공포증인 사람은 새가 없는 행성으로 이주하지 않는 한 새를 피할 수 없다. 광장 공포증인 사람은 밖에 나갈 때 늘 누군가와 함께하고 싶어하지만, 영원히 함께 돌아다녀 줄 사람은 없다. PTSD나 OCD는 두려움의 대상이 과거의 기억이나 특정한 생각인데, 살아 있는 동안 여기서 벗어나는 것은 불가능하다.

결국 모든 두려움은 도망간다고 도망갈 수 없다. 오히려 도망갈수록 더 큰 두려움에 더 오랫동안 사로잡히게 된다.

피하면 지고
맞서면 이긴다

———

두려움을 피하려고 할수록 더 피할 수 없게 되는 이유는 무엇일까? 두 가지가 있다. 두렵다고 피하기만 하면 첫째, 익숙해질 수 없기 때문이고 둘째, 극복할 방법을 발견할 수 없기 때문이다.

인간은 지구상의 어떤 생명보다 뛰어난 적응력을 자랑하는 동물이다. 살아남기 위해서 어떤 식으로든 적응하게 되어 있다. '이가 없으면 잇몸으로'라는 말처럼 말이다. 다른 맹수들보다 신체적 조건은 열악하지만, 그것을 극복하기 위해서 온갖 도구를 만들었다. 맹수를 관찰하여 약점을 파악해 공격하고 제압했다. 어디 이뿐인가? 자연재해가 빈번한 지역에서도 사람들은 적질한 주거 환경을 민들고 자신의 몸을 안전하게 지킬 수 있는 장소를 물색해 놓는다.

이런 뛰어난 적응력으로 인간은 두려움을 이겨 냈다. 따라서 두렵다는 것은, 거꾸로 말하면, 아직 적응하지 못했다는 것을 의미한다. 그렇다면 적응하기 위해서는 무엇이 필요할까? 자주 노출해서 익숙해지는 것이다. 맹수의 위협이나 자연재해도 익숙해져야 적응할 수 있다.

◇ **직면해서 익숙해져라**

익숙해져서 적응하는 것과 두려움의 관계는 신체적인 위협뿐만 아니라 심리적인 위협에도 적용할 수 있다. 사람들에게 욕이나 비난을 받을까 두려워한다는 것은 한편으로는 사람들의 욕과 비난을 덜 받았다는 증거이기도 하다. 욕과 비난도 익숙해지면 적응되어 두렵지 않다.

인류는 역사적으로도 아주 오랜 기간 동안 계급 사회였다. 어떻게 이런 일이 가능했을까? 계급에서 가장 하층에 있었던 이들은 자신들의 상전으로부터 멸시와 욕과 비난을 들었을 텐데, 어떻게 견뎌 냈을까? 원리는 간단하다. 너무나 오랜 시간 동안, 너무나 자주 그런 대우를 받았기 때문에 익숙해졌고 적응해 버린 것이다. 지금이라고 다르지 않다. 가정과 직장, 친구와 동료 관계에서 어떤 식으로든 학대받는 사람들이 잘 살아가는 것처럼 보이는 이유는 그런 대우에 둔감해졌고 익숙해졌고 적응해 버렸기 때문이다.

오해하지 마시라. 이런 상황에 적응하는 것이 당연하고 옳다는 이야기가 아니다. 당연히 그 상황에서 벗어나야 하고, 때로는 다양한 전문가의 도움도 받아야 한다. 처한 상황을 객관적으로 볼 수 있어야 계급도 무너뜨리고, 자기 자신의 몸과 마음을 학대와 폭력으로부터 보호할 수 있기 때문이다.

어쨌든, 익숙해지면 두렵지 않게 되는 것은 우리 마음이 지닌 특징 중 하나다. 앞서 이야기했던 공포증도 마찬가지다. 양계장 집에서 태어나서 어린 시절을 닭과 함께 보낸 사람이 새 공포증이 있을까? 없다. 어린 시절 산과 들에서 곤충을 잡으면서 논 사람이 벌레 공포증이 있을까? 없다. 개를 키우면서 산 사람은 개를 무서워하지 않고, 고양이를 키운 사람은 고양이를 무서워하지 않는다.

현대인의 생명을 위협하는 것은 이제 동물이 아니다. 자동차다. 경찰청 발표에 따르면 2017년 교통사고 사망자 수는 4,185명이다. 하루에 11명 이상씩 교통사고로 죽는다. 맹수를 비롯해 개나 고양이 같은 동물에 물려서 죽는 사람은 많지 않다. 이렇게나 위험한데도 자동차 공포증을 호소하는 사람은 거의 없다. 왜 그럴까? 자동차는 너무나 익숙하기 때문이다. 익숙함은 두려움을 이긴다. 누렵다고 피하는 것은 두려움을 이겨 낼 수 있는 기회를 박탈해 버리는 것이기 때문에 앞으로도 계속 두려움에 사로잡히게 될 뿐이다.

◇ **현실감을 가져라**

자주 노출되고 익숙해지면 두려움을 이겨 낼 수 있다는 이야기에 동의하지 않는 사람도 있을 것이다. 특히 희민처럼 사람의 시선을 무서워하는 사회 공포증을 겪고 있다면 말이다. 태어날 때부터 사람들과 함께 어울려 살았으니 애초 사회 공포증은 있어서는 안 되는 것이 아니냐고 항변할 수 있다.

익숙해져서 두려움을 극복할 수 있는 것은 두려워하는 대상이 자연처럼 일정한 원리를 따르는 것이거나, 동물처럼 어느 정도 예측할 수 있는 것이거나, 아니면 자동차처럼 무생물일 경우에 가능하다. 반면 사람은 어떤가? 물론 사람의 마음과 행동에도 일정한 원리와 법칙이 있어서 어느 정도 예측할 수 있지만, 그에 대한 개인차가 워낙 크다. 그래서 전문가가 아닌 이상 예측하기 어렵고, 어떻게 반응할지도 감을 잡을 수 없다. 이럴 경우는 반복적으로 노출하여 익숙해지는 것에 더해서 보다 세심한 극복 방법을 발견해야 한다.

다수의 사회 공포증은 무대 공포증이다. 사람들과 둘러앉아서 함께 이야기할 때처럼 특별히 내가 주목받지 않는 상황에서는 별 불편함을 느끼지 않고, 무대 위에서처럼 사람들의 주목을 받을 때만 두려움을 느끼는 것이다. 남들 앞에서 발표하는 것이 두려워서 어떻게든 발표를 피했던 희민처럼 말이다.

희민처럼 발표가 두렵다고 피하면, 앞으로도 그 두려움에서 벗어나지 못하게 된다. 발표의 두려움에서 벗어나려면 먼저 발표 상황을 피하지 말고, 그다음은 발표를 잘할 수 있는 방법을 찾아야 한다. 발표를 두려워하는 사람이 억지로 발표를 하면 발표를 잘하기가 어렵다. 목소리도 떨리고 횡설수설한다. 그런데 정작 자신은 자신의 모습을 볼 수 없고 자신의 모습을 쳐다보는 사람들만 보기 때문에 무엇이 잘못되었는지, 자신이 어떻게 발표했을 때 사람들의 반응이 안 좋은지를 정확히 평가하기 어렵다. 실패가 싫어서 도전조차 안 하면 극복 방법을 발견할 수 없다. 이 때문에 사회 공포증 치료 프로그램에는 발표하는 모습을 카메라로 촬영하여 모니터로 직접 확인하는 과정이 포함되어 있다. 자신의 어떤 표정과 말투, 행동 때문에 사람들의 반응이 좋지 않은지를 아는 것이 중요하기 때문이다.

나 역시 무대 공포증이 있었다. 사람들 앞에 나서면 심장이 뛰고 얼굴이 빨개져서 힘들었다. 얼굴이 빨개졌을 때, 꼭 그런 내 모습을 지적하고 말해 주는 사람들이 있었다. 이 자리를 빌어서 말하고 싶다. 그때 정말 짜증났다고! 그러나 심리학 칼럼

니스트로서 글을 쓰고 여기저기 강의 의뢰를 받으면서 나에게 무대는 피할 수 없는 곳이었다. 피할 수 없으니 결국 적응하고 익숙해졌고, 또 계속 강의를 하면서 내가 어떤 말이나 행동을 할 때 사람들의 반응이 어떤지를 세심하게 관찰하게 되었다. 그래서 강의를 시작한 지 7년 정도 되자, 정말 놀라운 일이 일어났다. 사람들 반응이 좋지 않고 무표정하게 나를 째려보는 느낌이 들어도 전혀 당황하지 않고 떨지 않게 된 것이다!

희민은 발표를 망친 이후 사회 공포증이 심해져서 이제는 자신과 아무런 연관이 없는 사람들의 눈빛만 봐도 무서워하게 되었다. 그래서 계속 시선을 피하게 되어 집 밖으로도 나갈 수 없었다. 한 가지 흥미로운 점은 사회 공포증인 사람들은 사람들의 시선과 표정에 매우 예민하게 반응하고 두려워하지만 실은 사람들의 시선과 표정을 제대로 읽지 못한다는 사실이다. 눈치는 많이 보는데, 정작 눈치는 없는 셈이다. 사람들이 무조건 자신을 싫어하거나 불편하게 여기고 싫어한다고 생각한다. 이를 극복하기 위해서는 사람들의 표정과 시선을 계속 마주하면서 객관적이고 현실적인 해석을 할 수 있어야 한다.

◇ **두려움은 허상이다**

희민이 발표할 때, 교수님의 이야기를 듣고 학생들은 웃었다. 희민은 교수님과 학생들이 모두 자신을 비웃거나 엉터리 발표를 조롱한다고 받아들였고, 그 두려움에 사로잡혀서 여전히 사람들이 자신을 향해 부정적 시선을 갖는다고 생각한다. 그러나 당신이 희민의 발표를 들은 학생이라면 어땠을까? 그 순간 교수님의 말이 웃겨서 웃음이 터졌을 것이다. 실제로 희민의 발표가 재미도 없고 집중도 안 되었겠지만, 다수의 학생들은 앞에서 벌벌 떠는 희민을 이해할 수 있었을 것이다.

물론 희민의 발표가 엉터리여서 수업에 방해가 되었다고 생각한 학생도 있겠지만, 그 학생조차 수업이 끝나면 희민의 발표를 생각조차 하지 않을 가능성이 크다. 희민이 연예인도 아니고 자신의 가족도 아니니 희민의 엉터리 발표를 계속 되뇌면서 욕하고 흉보고 수업을 망쳤다고 짜증낼 사람은 없다. 사람들은 생각보다 타인에게 관심이 별로 없다. 희민의 발표보다는 자신의 과제나 가족, 친구와 애인의 관계 때문에 속을 썩이면서 감정을 품지 않겠는가!

결국 두렵다고 피하면 익숙해질 수 없고 극복 방법을 발견할 수도 없어서 평생 두려움에 사로잡히게 된다.

포기만
하지 않으면 된다

———

심리상담센터를 찾는 사람 중에는 심리상담을 진행하기 어려울 정도로 우울증이 심각한 경우가 있다. 이럴 때는 먼저 병원에 가서 약을 처방받을 것을 권한다. 급한 대로 약으로 우울한 감정을 조절해야 비로소 자신의 왜곡된 생각 패턴과 대인관계에서 오는 인지적 오류를 수정할 수 있기 때문이다.

그런데 불안은 좀 다르다. 심리 치료를 받지 않은 채 약만 처방받으면 당장의 불안을 가라앉히더라도 금세 다시 불안에 휩싸인다. 이 때문에 불안장애를 전문적으로 치료하는 정신과 의사들도 약 처방보다는 심리 치료를 더욱 강조한다. 앞서 언급한 공포증, PTSD, OCD를 비롯해 불안과 관련된 정신장애의 심리 치료는 우울증이나 성격 장애 같은 다른 정신장애 치료에 비해 효과가 탁월하다. 치료하는 과정이 힘들고 어려워서 그렇지, 포기만 하지 않으면 불안 관련 정신장애는 확실히 극복할 수 있다.

◇ **신체 이완하기**

그렇다면 불안과 두려움을 극복하려면 어떻게 해야 할까? 앞서 언급한 것처럼 익숙해져야 한다. 이를 전문 용어로 노출이라고 한다. 두려워하는 대상과 상황에 노출해서 먼저 익숙해져야 한다. 그리고 상황을 객관적으로, 현실적으로 파악하고 상황을 통제할 수 있는 나름의 방법을 배워야 한다. 물론 무작정 노출하는 것은 아니다. 두려움이라는 감정은 싸우거나 도망가라는 신체 반응에 대한 해석이기 때문에 먼저 신체를 편안하게 이완시켜야 한다.

치료를 목적으로 하는 이완은 단순한 스트레칭을 넘어서는 아주 철저한 이완이다. 대표적으로 머리부터 발끝까지 16단계로 나누어서 이완하는 방법인 점진적 근육 이완법Progressive Muscle Relaxation을 사용한다. 우리 몸이 아주 편안하고 나른하고 노곤한데 두려울 수는 없다. 이완으로 이런 신체 상태를 만들어 놓은 후에 두려워하는 대상이나 상황에 노출을 시도한다. 이완되었던 신체는 다시 긴장되고 심박수가 올라가며 호흡이 가빠진다. 이때 다시 이완을 시작한다. 편안해지면 다시 노출하고, 몸이 긴장되면 다시 이완한다. 이를 반복하면 나중에는 두려워하는 대상이나 상황에 노출되더라도 몸이 편안해지기에 두려움과 불안을 이겨 낼 수 있다.

이완과 함께 복식호흡을 사용하면 좋다. 두렵거나 불안하면 우리의 호흡이 빨라지는데, 이때의 호흡은 대부분 흉식 호흡이다. 가슴으로 하는 빠른 호흡이다. 흉식 호흡은 숨을 충분히 깊게 들이마시지 못해서 답답하다고 느껴지고 그만큼 더욱 빠르고 얕게 호흡하게 된다. 그러면 폐로 들어오는 산소량이 적어지고, 이를 보상하려고 더 빠르게 호흡하는 악순환으로 이어진다. 악순환이 극에 달하면 나타나는 것이 과호흡이다. 과호흡은 이름처럼 호흡을 너무 과하게 하는 것이 아니라 실제로는 숨을 거의 쉬지 않는 호흡인 셈이다.

반면 복식호흡은 아랫배를 사용해서 폐를 더 크게 만들기 때문에 보다 많은 숨을 들이마시고 내뱉을 수 있다. 복식호흡을 하면 자연스럽게 신체가 이완되고 편안해진다. 즉, 두려움에서 벗어나기 위한 최적의 신체 상태를 만들 수 있는 것이다.

철저한 이완과 복식호흡, 그리고 반복적 노출을 통해 불안과 두려움은 반드시 극복될 수 있다.

◇ 마음 이완하기

사회 공포증을 치료하는 데 가장 적합한 환경은 집단 상담이다. 먼저 이완과 복식호흡을 통해 몸을 충분히 이완하고 집단이라는 사회적 상황에 자주 노출하는 것이 중요하다. 10명 정도가 참여하는 집단에서는 동그랗게 둘러앉지만, 누군가가 말을 할 때는 나머지 9명 정도가 집중하기 때문에 무대에 섰을 때처럼 떨릴 수 있다. 하지만 힘들어도 포기하지 않고 이완과 복식호흡을 하면서 계속 노출하다 보면 나중에는 두려움을 이겨 내고 편안함을 느낄 수 있다.

또한 희민처럼 사람들이 자신을 싫어하거나 불편하게 느낄 것이라고 생각하는 사람은 집단 상담에서 직접 물어볼 수 있다. 자신의 표정과 행동이 이상하게 보이는지, 다른 사람을 불편하게 만드는지를 노골적으로 솔직하게 물어보면서 어떻게 하면 사람들이 자신을 편안하게 느낄 수 있을지 구체적인 방법을 찾아낼 수 있다. 집단 상담에 참여하는 사람들은 서로를 위해서 솔직하게 반응해 주어야 한다는 원칙을 가지고 있기에 얼마든지 이런 작업을 할 수 있다. 만약 자신의 말투나 시선 처리가 이상해서 사람들이 불편하게 여기는 것이라면, 자신도 알아야 고칠 수 있다. 가족이나 친한 친구가 아니라면 이런 부분은 이야기해 주기가 어렵다. 그러나 집단 상담에서는 서로에게 솔직하기를 기대하며, 또 이런 작업을 하기 위해 모였기 때문에 보다 수월하게 자신의 모습에 대한 피드백을 받을 수 있다.

이상의 내용을 희민에게 자세하게 알려주었다. 그리고 희민에게 집단 상담 참여를 권하면서 분명하게 이야기했다.

"희민 씨, 포기만 하지 않으면 분명히 극복할 수 있어요."
"선생님 이야기를 들어 보니 충분히 이해할 수 있어요. 하지만 여전히 두려워요."
"네, 그럴 수 있어요. 저도 그랬거든요."

나 역시 그랬다는 말에 희민은 처음으로 얼굴을 들어 나를 흘긋 쳐다보았다. 거의 10년 동안 사람이 무서워서 땅만 쳐다보고 다녔던 그때의 이야기를 들려주었다. 그리고 집단 상담에 참여하면서 사람들의 시선에 대한 나의 부정적 생각이 맞는지 틀린지 사람들에게 직접 확인했고, 또 어떻게 하면 자연스럽게 보일 수 있을지 조언도 구하면서 극복했다고 말했다.

"희민 씨, 제가 집단 상담에 오래 참여하면서 한 가지 깨달은 사실이 있어요. 그건 바로 사람들이 저한테는 별 관심이 없더라는 것이죠. 제가 강의를 잘해도 그때뿐이고, 강의를 망쳐도 그때뿐이에요. 제가 자신들의 가족도 연인도 아니고 연예인도 아닌데 뭐 얼마나 저한테 관심이 있겠어요?"

순간 희민의 얼굴에 웃음이 번졌다. 나도 웃었다. 사람들이 모두 나를 싫어한다고만 생각해서 혼자 지냈던 그때가 생각났기 때문이다.

"그럼 선생님, 한번 도전해 볼게요."

희민은 그렇게 용기를 냈다. 물론 과학적으로 검증된 체계적인 방법이 있고 효과도 탁월하지만, 그것을 이겨 내는 과정이 얼마나 힘든지 알기에 희민 씨가 잘 버텨내 주기를 바랄 뿐이다.

Chapter 6. 두려움의 역설 Summary!

✔ 두려움은 생존을 위해 반드시 필요한 감정이다.

✔ 두려움을 느낄 때 신체는 싸우거나 도망가기 위한 준비를 한다. 싸워 이길 만하면 싸우고, 이기지 못할 대상이면 도망간다.

✔ 현대인을 두렵게 하는 대상은 대부분 싸울 수 없는 경우가 많기에 결국 도망가기 전략을 채택한다.

✔ 두려움을 피하기만 하다 보면 적응할 수 없고 극복할 수 있는 방법을 발견하지도 못하기에 앞으로도 계속 두려움에 사로잡히게 된다.

✔ 두려움과 관련한 정신장애는 공포증(특정/사회/광장), 공황발작, PTSD, OCD가 있다.

✔ 두려움을 극복하기 위해서는 철저한 이완과 복식호흡을 익힌 후, 두려워하는 상황에 노출해야 한다. 노출해서 적응하고 극복할 수 있는 방법을 찾아내야 한다.

✔ 두려움을 극복하는 과정은 힘들기는 하지만, 포기하지 않으면 반드시 극복할 수 있다.

Chapter 7

통제하려 할수록 무기력해지는 이유

• 통제의 역설 •

당신이
잘못한게 아니다

2017년 10월 미국 할리우드의 유명한 영화 제작자인 하비 웨인스타인이 30년 동안 여배우와 회사의 여직원을 대상으로 성폭력과 성추행을 일삼았다는 사실이 피해자들의 증언으로 세상에 알려지기 시작했다. 이에 미국의 배우이자 가수인 알리사 밀라노는 성폭력을 당한 적이 있는 사람은 SNS에 '나도 피해자#MeToo'라는 사실을 알리자고 제안했다. 세상으로 나온 용기 있는 피해자들에게 혼자가 아님을 알게 하고, 더 나아가 세상에 경각심을 불러일으키자는 의도였다.

알리사가 제안한 지 24시간 만에 약 50만 명 이상의 사람들이 지지 의사를 표했고, 무려 8만여 명이 넘는 사람들이 자신의 SNS에 '#MeToo'를 달면서 자신이 당한 성희롱, 성추행, 성폭력을 폭로하기 시작했다. 미투 운동이 시작된 것이다.

미투 운동은 전 세계로 빠르게 퍼져 나갔다. 국경과 인종을 초월하여 피해자들은 자신들만 알고 지냈던 끔찍한 기억을 말하기 시작했다. 우리나라도 예외는 아니었다. 법조계와 정치계, 문화예술계를 중심으로 폭로가 쏟아졌다. 가해자로 지목된 사람들은 경찰 조사를 받는 등 죗값을 치르기 시작했다. 또한 자신의 분야에서 권위와 명예가 실추되고 직업을 잃기까지 했다. 스스로 목숨을 끊는 일도 생겼다.

미투 운동을 보면서 터질 것이 터졌다는 생각이 들었다. 성희롱과 성추행, 성폭력을 당한 경험이 있는 사람은 놀랄 정도로 많다. 피해자가 꼭 여성에만 국한되지도 않는다.

나 역시 군대에서 성추행을 당한 경험이 있었다. 그 당시에는 무슨 일이 벌어지고 있는지 제대로 파악하지 못했다. 이런 상황에 어떻게 대처해야 하는지 배운 적도 없었다. 처음 겪는 일이었고 가해자가 군대 선임이어서 아무런 대처도 하지 못했다. 그저 무력하게 시간이 가기만을 기다릴 수밖에 없었다. 결국 시간이 흘러 '그놈'은 제대했고, 나는 더 이상 그런 끔찍한 상황을 마주하지 않아도 되었다. 하지만 끝난 것이 아니었다. 그때의 기억이 나를 괴롭히기 시작했다.

심리학과 학부에 재학 중일 때 학우들과 함께 MT를 가서 밤 늦게까지 이런 저런 이야기를 했다. 그러던 중 누군가가 성적 으로 어려움을 당했던 이야기를 꺼내 놓았다. 어느 곳에서도, 어느 누구에게도 이야기하지 못한 일이라면서 울기 시작했다. 그런데 놀라운 일이 벌어졌다. 그 자리에 있던 사람들 모두 엇 비슷한 경험이 있었던 것이다. 나도 군대에서 겪은 일을 처음 으로 사람들 앞에서 털어놓았다. 비슷한 일을 겪었기에 우리 는 서로를 위로하면서 우리에게 나쁜 짓을 한 가해자들을 향해 욕하고 화를 냈다. 나 역시 혼자만이 아니었다는 사실이 큰 위 로가 되었다.

어떻게 그 자리에 있던 사람들 모두가 비슷한 경험이 있을 수 있나 싶은가? 하지만 그들이 특별히 독특해서 그런 일을 당 한 것이 아니다. 오히려 보통 사람이라서 가능한 일이다. 심리 학자로 일하다 보면 어느 누구에게도 꺼내지 못한 아픈 개인사 를 자주 접하게 된다. 그런데 그중에서도 성폭력 피해자가 정 말로 너무나 많다. 어쩌면 이런 경험이 없는 사람들이 없지 않 을까 싶을 정도다.

2011년 한국성폭력상담소는 '성폭력 피해자를 위한 DIY 가 이드'라는 부제가 붙은 책을 출간했다. 이 책의 제목은 《보통의 경험》이다. 성폭력 피해는 무슨 특별한 저주나 불운이 있는 사 람만 겪는 것이 아니다. 누구나 겪을 수 있고, 또 정말 많은 이들이 겪는다. 이 책을 접한 사람은 제목에서부터 큰 위로를 받는다. 미투 운동 역시 이런 효과가 있다.

'나 혼자'라는 생각 못지않게 성폭력 피해자를 고통스럽게 하는 것이 있다. 비난의 화살을 가해자보다는 피해자인 자기 자신에게 돌린다는 것이다. 물론 원인을 자신에게서 찾는 것은 다른 범죄 피해자에게도 나타나는 현상이지만, 성폭력 피해자에게는 그것이 더 크게 나타난다. 그 이유는 성 문제가 가진 독특성 때문이다.

돈 문제로 피해를 입었을 경우에는 가해자와 피해자가 분명히 구분된다. 누군가로부터 신체적 폭행을 당했을 때도 마찬가지다. 그러나 성은 일방적으로 고통을 받았을 수도 있지만, 상호 합의하에 이루어졌을 가능성도 있다. 이 때문에 성적으로 피해를 입었을 때 다른 사람에게 오해를 받을 수 있어서 공개하기가 어렵고, 대신 스스로를 책망한다. 나 역시 그랬다.

'내가 더 조심해야 했어. 나 때문에 이런 끔찍한 일이 벌어진 거야.'

'처음부터 그 사람이랑 친하게 지내면 안 됐는데. 내가 왜 그랬을까?'

'그때 바로 신고했어야 했는데. 내가 일을 더 크게 만들었어.'

'내가 그 사람을 오해하게 만들었나? 혹시 내가 상대방을 자

극한 것은 아닐까?'

이런 생각을 계속하면 가해자에게 향해야 할 비난을 피해자가 자신에게 한다. 나중에는 가해자가 누구이고 피해자가 누구인지조차 헷갈린다. 그래서 가해자는 멀쩡히 잘 살고 있는데, 피해자만 과거의 기억과 현재의 고통에서 벗어나지 못하는 상황이 벌어진다. 심할 경우, 피해자는 자신을 비난하다 못해 해치기까지 한다.

이 때문에 성폭력 피해자를 만나는 상담자는 먼저 가해자와 피해자를 분명히 구분해야 한다고 배운다. 또한 피해자의 신체적, 심리적 보호가 가장 우선시 되어야 하며, 어떤 경우에도 피해자에게 책임을 묻거나 피해자가 원인을 제공했다는 뉘앙스를 풍기면 안 된다고 교육받는다.

그렇다면 무엇이 성폭력일까? 성폭력의 가해자와 피해자는 어떻게 구분할 수 있을까?

누군가가 당신이 명시적 동의, 즉 "나도 원해"라는 말을 하지 않은 상태에서 성과 관련된 일을 억지로 하면 성폭력이다. 내가 원한다고 말하지 않았는데도 성적 수치심을 들게 하는 말을 했다면 성희롱이고, 원한다고 말하지 않았는데도 성적 접촉을 했다면 성추행이며, 원한다고 말하지 않았는데도 강제로 성관계를 시도하거나 성관계를 했다면 성폭행이다.

이럴 경우, 상대는 가해자이고 당신은 피해자다. 그리고 모든 책임은 가해자에게 있으며, 모든 비난과 처벌도 가해자가 받아야 한다. 피해자는 결코 비난받아서도, 책임을 추궁당해서도, 어떤 식으로든 불이익이나 처벌을 받아서는 안 된다. 법을 집행하는 사람이나 상담자 혹은 가족이나 친구 누구라도 피해자를 비난하거나 책임을 추궁해서는 안 된다. 그리고 마지막으로 피해자 자신도 자기 자신을 비난하거나 스스로에게 책임을 물어서는 안 된다.

왜 무기력에
빠지는가?

왜 피해자는 가해자가 아니라 자신을 비난할까? 사건의
원인을 자신에게서 찾고 자신이 마치 원인의 제공자인 양 생각
하는 이유는 무엇일까? 여러 가지가 있지만 그중에서도 가장
강력한 이유는 통제력 착각Illusion of Control 때문이다. 통제력 착
각이란 실제로는 통제할 수 없는 상황과 사건에 대해 통제감을
가지려고 할 때 나타나는 착각, 즉 판단의 오류를 말한다.

모든 일은 시간이 흐르면 분명하게 보인다. 원인이 무엇인지,
그 원인에 다른 어떤 요인이 더해져서 결과가 나타났는지가 분
명하게 보인다. 역사학자들이 명쾌하게 과거를 분석하듯 말이
다. 그런데 역사학자는 그 사건의 주인공이 아니기에 끔찍한 결

과를 초래한 사건이 있더라도 "그때 그 사람이 그렇게 행동하지 말았어야 했다. 아쉽다" 정도로 표현한다. 그러나 자신이 직접 겪은 일을 분석하고 이해해야 하는 사람은 '그때 내가 그렇게 하지 않았다면 그런 일이 벌어지지 않았을 텐데'라고 생각하면서 자신의 결정과 행동을 책망하고 비난하게 된다.

책망과 비난은 급기야 자신을 해치는 행동으로까지 발전한다는 면에서 그냥 가볍게 넘길 일이 아니다. 자신을 향한 책망과 비난 때문에 자신이 피해자인데도 외부에 당당히 알리지 못하고 혼자서 고통을 받는다. 이런 고통은 사실 통제감을 얻기 위해 지불하는 값비싼 대가라고 할 수 있다. 도대체 통제감이 무엇이기에 자기 비난과 자책이라는 대가를 지불하고서라도 얻고 싶어 할까?

◇ **자존감의 원천, 통제감**

개인적으로 보자면, 통제감은 자신감과 자존감의 원천이고 삶의 동력이다. 아기들을 보라. 누가 시키지 않았는데도 팔다리를 움직이고, 보고 들을 수 있게 되면서부터 세상을 탐색한다. 새로운 물건을 만져 보고 조작해 본다. 끊임없는 시도를 통해 대상의 원리를 파악하고 나면 그다음부터는 통제권을 갖는다. 자신이 원할 때, 원하는 방식으로 조작한다. 자신의 의도대로 작동하면 즐거워하고 기뻐한다. 이것이 바로 통제감이다. 조금 더 성장해서는 부모에게 떼를 써서 원하는 것을 얻어 냄으로써 통제감을 느낀다.

친구나 연인 관계에서도 자신의 뜻을 관철시키기 위해 싸우는데, 이 역시 통제감 때문이다. 청소년들이 부모나 교사의 지시에 반항하는 이유도 다른 사람에게 통제되고 싶지 않고 자신이 스스로 통제하고 싶기 때문이다. 공부를 잘하면 학교와 직업선택의 폭이 넓어져서 자신이 통제할 수 있는 범위가 늘어난다. 따라서 공부를 잘하려는 것도 통제감으로 설명할 수 있다.

돈을 버는 이유도 마찬가지다. 돈이 있으면 해 볼 수 있는 것이 많다. 원하는 것을 맘껏 먹을 수 있다. 심지어 사람들도 통제할 수 있다. 자신이 해야 할 일을 남에게 돈을 주고 시키는 사람이 얼마나 많은가! 부부가 '칼로 물 베기'인 싸움을 하는 것도 부부 관계에서 통제감을 잃고 싶지 않기 때문이다. 회사에서 승진하려는 것도 더 많은 통제감을 가지고 싶기 때문이고, 어떤 분야에서 전문가가 되려는 것도 역시 통제감 때문이다.

통제감이란 실제로 무언가를 자신의 뜻대로 쥐락펴락할 때만 얻을 수 있는 것은 아니다. 통제감은 일종의 느낌이기 때문에 실제로는 아무것도 쥐락펴락할 수 없더라도 자신과 세상, 어떤 현상이나 사건에 대해서 충분히 아는 것만으로도 얻을 수 있다. 다시 말해, 지식을 추구하고 모르는 것을 알고자 하는 욕구 역시 통제감 때문이다. 사람들이 하는 이야기를 들어 보라. 가까이는 자신의 가족이나 친구 이야기를 할 때, 멀리는 연예인이나 정치인 이야기를 할 때, 스포츠나 국제 정세 이야기를 할 때 마치 자신이 모든 것을 알고 있는 것처럼, 앞으로 어떤 일이 벌어질지 아는 것처럼 말한다. 아는 것만으로 통제감을 얻을 수 있다.

◇ 무기력에 빠지는 이유

통제감이 얼마나 중요한지 아는 한 가지 방법은 통제감을 잃었을 때 어떤 일이 나타나는지를 살펴보는 것이다. 통제감을 상실했을 때 나타나는 심리적 상태는 무기력이다. 무기력이란 자신이 상황을 통제할 수 없을 때 나타나는 상태로, 우울증을 비롯한 각종 정신장애의 원인이 되기도 한다.

지금은 긍정 심리학의 창시자로 알려진 심리학자 마틴 셀리그만Martin Seligman이 1960년대 대학원에 재학 중일 때 개를 대상으로 한 유명한 실험이 있다. 학습된 무기력Learned Helplessness으로 알려진 실험이다.

셀리그만은 개 여러 마리를 세 집단(A, B, C)으로 나누어 첫째 집단과 둘째 집단에게 전기 충격을 주었다. 이 전기 충격은 바닥에 전류를 흐르게 하는 방식으로 가해졌으며, 전류는 개의 생명을 위협하거나 건강을 해치지는 않지만 충분히 고통스러울 정도였다. 개는 바닥에 전류가 흐르자 고통스러운 듯 이리 뛰고 저리 뛰었다.

이때 A 집단에게는 전기 충격을 제어할 수 있는 버튼을 제공했다. 개는 우연히 버튼을 눌렀고 전기 충격은 사라졌다. 잠시 후 전기 충격이 다시 가해졌고, 개는 이전보다 조금 더 빠르게 버튼을 눌렀다. 이런 절차가 반복되자 실험에 참가한 개는 전기 충격이 오면 바로 버튼을 조작했다.

한편 B 집단에게는 전기 충격을 제어할 수 있는 어떤 장치도 제공하지 않았다. 어떻게 해도 전기 충격이 사라지지 않으니 이내 바닥에 엎드려서 전기 충격을 온몸으로 버텨 냈다. 어차피 피할 수 없으니 이리저리 뛰고 움직이는 것보다는 가만히 있는 것이 더 낫기 때문이다.

마지막 C 집단의 개는 전기 충격을 받지 않았다.

이런 절차를 한 후에는 모든 집단의 개를 왕복 상자Shuttle Box에 집어넣고 다시 바닥에 전류를 흘려보내는 식으로 전기 충격을 주었다. 왕복 상자란 뛰어넘을 수 있을 정도의 낮은 칸막이가 가운데 설치된 상자다. 왼쪽 칸에 있는 개가 원한다면 가운데 칸막이를 넘어 오른쪽 칸으로 넘어갈 수 있다. 왼쪽 칸 바닥에 전류를 흘려보낼 때, 개는 어떻게 반응할까? 보통의 경우라면 이리 뛰고 저리 뛰다가 오른쪽 칸으로 넘어간다. 오른쪽 칸에는 전류가 흐르지 않기 때문이다. 잠시 후 왼쪽 칸 바닥의 전류를 멈추고 이내 오른쪽 칸 바닥에 전류를 흘려보내면 이번에는 개들이 왼쪽 칸으로 넘어간다.

세 집단에서 처치를 받았던 개들은 각각 어떻게 반응했까? 전류가 흐를 때 모든 개가 다른 칸으로 넘어갈까? 아니면 자신의 경험에 따라 다른 양상을 보일까? 전기 충격을 피할 수 있었던 A 집단과 아무런 경험도 하지 않았던 C 집단의 개들은 전기 충격을 피하기 위해 열심히 칸막이를 뛰어다녔다. 하지만 전기 충격을 피할 수 없었던 B 집단의 개들 중 다수는 전류가 흐르는 바닥에 엎드려서 전기 충격을 견뎠다. 조금만 뛰어다니다가 가운데 낮은 칸막이를 넘으면 전류를 피할 수 있었는데도 말이다!

셀리그만은 B 집단의 개가 이전의 경험을 통해 무기력을 학습했다고 설명했다. 즉, 어떻게 하더라도 전기 충격을 피할 수 없었던 경험 때문에 이제는 전기 충격을 피할 수 있는 상황인데도 시도조차 하지 않는다는 것이다.

'나는 뭘 해도 실패할 거야'
'내 뜻대로 되는 것은 아무것도 없어.'
'나를 좋아하는 사람도 없고, 내가 좋아하고 믿을 만한 사람도 없어.'

'세상은 내 뜻대로 되지 않아. 내가 원하지 않는 결과뿐이야.'

이런 생각은 태어날 때부터 하는 것이 아니다. 앞서 언급했듯이 세상 모든 아기들은 개인차는 있지만 어쨌든 세상을 적극적으로 탐색하려고 한다. 호기심이 가득하다. 알고 싶어 하고 조작하고 싶어 한다. 경험을 통해, 공부를 통해 자신과 세상에 대한 통제감을 갖는다.

그러나 좌절을 반복함으로써 통제감을 경험하지 못하게 되면, 무기력에 빠진다. 점점 자신과 세상을 비관적으로 바라보면서 우울과 불안을 겪는다. 심하면 세상과 자신에 대한 혐오로 가득 차게 된다. 통제감을 잃으면 말이다. 그래서 사람들은 이런 끔찍한 상황을 피하기 위해서 착각으로라도 통제감을 느끼고 싶어 한다.

아무것도 할 수 없는
나를 인정하자

—

"모든 것이 제 책임이에요. 제가 그날 야근만 하지 않았다면, 아니 지하철역에서 나와 그 길이 아니라 평소처럼 대로로 갔으면 그 일은 없었을 텐데, 결국 모든 것이 저 때문이에요."

혜진은 모든 것이 자기 책임이라면서 울기 시작했다. 그 울음에는 다분히 분노가 섞여 있었다. 하지만 그것은 가해자에 대한 분노가 아니라 피해자인 자신을 향한 분노였다. 혜진이 상담실을 방문한 계기는 작년의 성폭행 사건 때문이었다.

작년 여름, 회사에서 중요한 프로젝트를 맡아서 진행하느라 야근을 자주 했다. 지하철역에서 직선거리로 2km 정도 떨어져 있는 그녀의 집으로 가는 방법은 두 가지였다. 하나는 8차선 대로를 따라가는 길로, 가로등이 켜져 있고 왕래하는 사람과 차가 많았다. 다만 집까지 곧게 뻗어 있지 않고 돌아가야 해서 4km 정도를 걸어야 했다. 반면 보다 빠르게 집으로 가는 길은 인적이 뜸한 골목길이었다. 재개발 지구로 지정되어서 많은 사람들이 다른 곳으로 이주했지만 수년이 넘도록 개발되지 않고 방치되어 있는 동네를 가로지르는 길이다. 가로등도 많지 않아서 평소에는 잘 가지 않는다고 했다.

그날은 평소보다 더 늦게까지 야근을 해서 지하철 막차를 겨우 탈 수 있었고, 집 근처 지하철역에 도착하니 밤 12시가 가까웠다. 몸과 마음이 너무 지치고 힘들어서 빨리 집에 가서 쉬고 싶은 마음이 굴뚝같았다. 평소처럼 대로로 걸어가려고 하다가 문득 이런 생각이 들었다.

'오늘은 지름길로 갈까? 빨리 가서 쉬고 싶다. 별일 있겠어?'

무서운 마음도 들었지만 그보다는 피곤함이 더 컸기에 그녀는 골목길로 들어섰다. 역시나 골목길은 좁았고 을씨년스러웠다. 가로등도 없고 동네 주민도 상당수가 떠난 상태라서 누가 잡아가도 모르겠다는 생각이 스쳤다. 그렇지만 어떻게든 빨리 쉬고 싶다는 생각에 불안한 마음을 다스리면서 종종 걸음을 걸었다.

혜진이 골목길 중간 정도에 도착했을 때다. 갑자기 두 명의
남자가 나타나서 혜진을 칼로 위협했다. 혜진은 너무 무서웠
다. 도와달라고 소리쳐 볼까 했지만, 동네에 사람들이 많이 사
는 것도 아니다. 불 켜진 집이 간간히 있었지만 그들이 적극적
으로 나서서 도와줄 거라는 생각도 들지 않았다. 오히려 소리
를 질렀다가는 더 위험해질 것 같았다. 결국 혜진은 두 남자의
힘을 이기지 못하고 한 허름한 집으로 끌려들어가서 성폭행을
당했다.

◇ **"그때로 돌아가더라도"**

사건 직후 혜진은 곧바로 경찰에 신고했다. 직장에는 병가를
냈고, 경찰 조사를 받을 때가 아니면 밖에 나가지 않았다. 너무
무섭고 불안했다. 살아 있어도 살아 있는 것 같지 않았다. 얼마
나 많이 울었는지 나중에는 눈물조차 나오지 않았다. 당시 기
억이 너무나 강렬해서 혜진은 미칠 것처럼 괴로웠다.

며칠 후 범인을 검거했다는 소식을 담당 형사로부터 들었다.
경찰에 신고했을 때만 하더라도 범인에 대한 분노가 커서 범인
만 잡으면 고통에서 벗어날 수 있을 것이라고 생각했다. 하지
만 범인을 잡았다는 소식을 들었을 때의 안도감은 잠시뿐이었

다. 혜진의 고통은 여전했다. 아니 오히려 더 심해졌다. 그 이유는 자신을 향한 비난과 책망 때문이었다. 모든 것이 마치 자신의 책임처럼 느껴진다면서 고통스러워했다.

나 역시 오랜 시간 군대에서의 성추행 사건으로 나 자신을 비난하고 책망했기에 혜진의 마음을 이해할 수 있었다. 하지만 그 마음을 이해하고 공감하는 것만으로 그녀를 도울 수는 없었다. 어떻게 혜진의 고통을 멈출 수 있을까 고민하면서 조심스레 이야기를 꺼냈다.

"혜진 씨, 우리 앞에 타임머신이 있다고 가정해 봐요."

모든 것이 자기 책임이라며 울고 있는 자신에게 뜬금없는 타임머신 이야기라니! 혜진은 이게 무슨 소린가 싶으면서도 주의 깊게 나를 쳐다보았다.

"혜진 씨가 타임머신을 타고 그 사건이 있었던 날 밤으로 돌아가 봅시다. 혜진 씨는 계속되는 프로젝트 때문에 매일 야근이었고, 그날 지하철역에 도착하니 12시가 되었어요. 집으로 갈 수 있는 두 개의 길 중 하나를 선택해야 했던 바로 그 순간으로 돌아가 봅시다. 어떤 길을 선택하겠어요? 대로인가요, 지름길인가요?"

"선생님! 그걸 지금 말이라고 하세요? 당연히 대로를 선택하겠죠. 지름길로 가면 그런 일을 당하는데. 그래서 제가 미운 거예요. 제 선택이었으니까!"

"제가 이 얘기를 안 했네요. 혜진 씨가 과거로 돌아가면 그 일을 당했다는 사실도 모르게 돼요. 다시 생각해 봐요. 그날 혜진 씨는 너무 힘들었어요. 빨리 집에 가고 싶은 생각뿐이었죠. 지름길로 가다가 그런 일을 당했다는 이야기를 들어본 적도 없어요. 설사 들어본 적이 있다 해도 그런 일이 혜진 씨에게 일어나리라고는 생각하지 못했잖아요. 다시 물을게요. 힘들더라도 대답해 주세요. 다시 그 순간으로 돌아간다면, 어떤 길을 선택하겠어요?"

"지, 름, 길이요….."

◇ **아무것도 할 수 없었다**

혜진은 내 말을 정확하게 이해했다. 지금의 시점에서 그때의 일을 돌이켜 보면 모든 것이 분명해 보이고 그때 다른 선택을 했더라면 결과가 달라졌을 거라고 생각하는 편이 자신에게 통제감을 가져다준다. 마치 자신에게 그런 일이 벌어지지 않았을 수도 있었을 것이라고 생각하게 한다. 그리고 단지 그 생각만으로도 당시의 무력감을 물리치는 것처럼 보인다.

그런데 이는 착각이다. 그런 일이 벌어지지 않았을 수도 있지만, 일은 이미 벌어졌다. 따라서 결과를 바꿀 수 없으니, 원인이 되는 자신을 탓하고 책망하고 비난할 수밖에 없다.

"맞아요. 혜진 씨. 지금 돌이켜보면 모든 것이 분명해 보여서 그때로 돌아가면 모든 것을 통제할 수 있을 것 같은 생각이 들죠. 이런 생각을 하는 것이 혜진 씨가 겪었던 무력감을 보상해 주는 것처럼 느껴지기도 할 거예요. 그러나 우리는 과거로 돌아갈 수 없고, 설사 돌아갈 수 있다고 해도 그 후에 벌어지는 일에 대해서는 알 수가 없기 때문에 사실은 아무것도 통제할 수가 없어요."

"네, 맞아요. 저는 그 당시 제가 할 수 있는 것이 아무것도 없어서 무력감을 느꼈어요. 아무것도 할 수 없었다는 무력감에 너무 힘든데, 그러면 저는 어떻게 해야 하죠? 그냥 차라리 저를 비난하더라도 그 통제감을 느끼면 안 되는 건가요?"

"혜진 씨, 그럼 이렇게 말해 볼게요. 과거가 아니라 앞으로의 일을 가정해 봐요. 혜진 씨가 다시 야근을 하게 되었고, 또다시 그때처럼 밤 12시 경에 지하철역에 내렸어요. 너무 피곤해서 빨리 집에 가고 싶을 때, 어느 길로 갈까요?"

"대로로 가겠죠. 지름길로는 다시 가고 싶지 않아요."

"대로로 가면 과연 아무 일이 없이 안전하게 집에 갈 수 있다고 확신할 수 있어요?"

"네? 그렇지 않을까요. 지금까지 아무 일도 없었으니까."

"지금까지 아무 일도 없었다고 앞으로도 아무 일이 없으라는 보장은 없어요. 대로로 가다가 다른 곤경에 처할 수 있다는 생각은 안 해 봤어요? 가끔 신문에 보도되는 묻지 마 폭행 사건은 보통 대로에서 일어나요. 또 자동차가 갑자기 인도로 돌진해서 다치거나 죽을 수도 있죠."

"그럼 저보고 어떻게 하라는 말씀이세요!"

혜진은 단단히 화가 났다. 그런데 그 화는 온전히 나를 향한 것이라기보다는 통제할 수 없는 상황에 대한 분노처럼 느껴졌다. 혜진은 울먹였다. 그 마음을 알기에 나는 아무 말 없이 혜진을 바라보았다.

"선생님 말씀대로라면 저는 아무것도 통제할 수가 없다는 거네요."

"혜진 씨뿐이 아니에요. 저도 그렇고, 모든 사람이 자신에게 벌어지는 일에 대해 통제할 수 있는 것이 별로 없죠. 지금의 내 선택이 앞으로 어떤 결과를 초래할지는 알 수 없어요. 그런데 과거를 돌아보며 마치 자신이 통제할 수 있었던 것 같은 통제력 착각에 빠지면, 미래에 벌어질 일도 통제해야 한다는 생각을 하게 돼요. 잘못 선택했다는 후회와 자책과 자기 비난을 하게 될까 두려워서 결국 아무것도 선택하지 못하게 되는 경우가 많아요. 아니면 현재에서 수집 가능한 정보를 토대로 최선을 선택하기보다는 자칫 감정적으로, 혹은 타인의 조언이나 점술에 이끌려 엉터리 선택을 하게 되는 악순환에 빠지게 되죠. 그래서 내가 현실적으로 통제할 수 있는 것도 통제하지 못하고 더 큰 무력감에 빠지게 된답니다."

"잘못된 통제감이 오히려 무력하게 만드는 셈이군요."

혜진의 표정은 조금 밝아졌다. 자신이 통제할 수 없었다는 무력감에 빠졌을 때 엄마가 "왜 그렇게 늦게까지 일했느냐", "왜 평소 다니지 않던 길로 갔느냐"는 등의 비난 아닌 비난을 듣고 자책과 자기 비난을 시작했는데, 이것이 결국 자신을 더 무력하게 만들었다는 사실을 깨달은 것이다.

혜진은 상담을 통해 자신을 향한 책망과 비난이 착각이었다는 사실을 깨달았고, 받아들이기 힘들지만 그 당시 아무것도 통제할 수 없었음을 인정하게 되면서 자신을 덜 미워하게 되었다.

통제할 수
'없는' 것

무력감이 싫어서 통제감을 추구하지만 통제감을 추구
할수록 무력해지는 역설에서 벗어나려면 어떻게 해야 할까?
두 가지를 기억하자.

가장 먼저 할 일은 어떤 일이 벌어졌을 때 내가 통제할 수 있
는 일인지 아닌지를 정확하게 평가하는 것이다. 내가 군대에
서 성추행을 당했던 일이나 혜진이 성폭행을 당했던 일처럼 지
나간 일에 대해서는 통제할 수 없다. 이미 던져진 주사위는 되
돌릴 수 없다. 지금 당신의 마음속에 떠오르는 과거의 사건이
있는가? 그 사건은 통제할 수 없었다. 통제할 수 없었으니 자

책할 필요도 없다. 그때는 그 결정과 선택이 최선이었다고 받아들여야 한다.

과거뿐만 아니라 미래도 통제할 수 없다. 자신이 원하는 결과는 있겠지만, 그것을 가져오게 할 통제권은 나에게 없다. 삶은 매우 복잡하다. 지금의 선택이 미래의 결과에 어느 정도 영향은 미칠 수 있겠지만, 미래의 결과를 좌지우지할 능력을 가진 사람은 없다.

타인도 통제할 수 없다. 타인이 자신의 뜻대로 선택하고 움직이기를 바랄 수는 있고 타인에게 적지 않은 영향력을 발휘할 수도 있다. 하지만 그뿐이다. 부모라고 자식을 통제할 수는 없고, 제 아무리 가까운 사이라도 친구를 통제할 수 없다. 사람은 누군가에게 통제받는 것을 극도로 싫어한다. 아주 어린 아기들마저도 자신의 뜻대로 하고 싶어 한다. 당장은 당신 앞에서 고개를 조아리며 당신의 뜻대로 움직여 주는 것처럼 보이지만, 사실은 상대의 마음에는 당신을 향한 분노와 반발심이 가득할 것이다.

많은 사람이 사랑을 맹세하면서 부부가 되기 위해 결혼식장에 들어섰다가 반목과 갈등 끝에 가정법원에서 남이 되어 나온다. 법적으로 이혼까지는 안 했더라도 정서적으로 이혼한 부부도 많다. 한 집에 살지만 감정적으로 소통하지 않는다면 이혼한 것이나 마찬가지다. 무엇이 사랑을 맹세한 부부를 이렇게 길라놓을까? 과정이야 어떻든 결국 상대방에 대한 비난 때문이다.

"네가 그렇게 말하면 안 되지!"

"어떻게 나한테 그럴 수 있어? 내가 너한테 그 정도 존재밖에 안 돼?"

"너 때문이야. 너 때문에 이런 일이 벌어졌어!"

이런 비난을 잘 뜯어보면 결국 상대방을 통제하고 싶어 하는 마음이 있다는 것을 알 수 있다. 마치 과거의 일을 두고 통제감을 얻고 싶은 사람이 자기 자신의 선택을 비난하는 것과 같은 이치다. 다시 한번 말하지만, 누구도 통제받고 싶어 하지 않는다. 자기 자신이 스스로를 통제하고 싶어 한다.

그렇다면 통제할 수 있는 것은 무엇인가? 통제할 수 있는 것은 오로지 현재, 그리고 나뿐이다. 현재의 내가 가능한 정보를 참고해서 최선의 결정을 하고 내 결정의 결과에 대해서는 책임지겠다는 자세를 갖는 것. 이것만 통제할 수 있다. 물론 현재의 내 선택이 미래에 좋은 결과로 이어지기를 바라는 마음은 있을 수밖에 없으나, 미래의 결과는 통제 불가능한 영역이다.

2018년 평창 동계 올림픽에는 아프리카 선수들이 꽤 참가했다. 총 92개국 가운데 8개국이 아프리카 대륙에 속했다. 가나, 나이지리아, 남아프리카공화국, 마다가스카르, 모로코, 에리트레아, 케냐, 토고. 하계 올림픽에서는 아프리카 선수들의 선전을 볼 수 있지만, 동계 올림픽은 다르다. 겨울이 없는 지역이 대부분이라 동계 올림픽에서는 참가하는 것만으로도 세계의 이목을 끈다. 제대로 된 훈련을 할 수 없는 것은 물론이고 동계 스포츠 종목 자체가 생소하기 때문이다.

이들은 어떤 마음으로 동계 올림픽에 참가하는 것일까? 8개국 선수 중 메달을 획득한 선수는 한 명도 없다. 대부분 각자의 종목에서 최하위권에 머물고 있는데, 놀랍게도 이들은 금메달리스트 못지않게 행복감을 느끼며 대회에 임했다. 일례로 가나의 남자 스켈레톤 선수인 아콰시 프림퐁은 30명의 출전자 중 꼴찌에 그쳤지만, 레이스를 마친 다음에는 마치 우승이라도 한 것처럼 장내 음악에 맞춰 흥겹게 몸을 흔들며 관중의 환호를 끌어냈다. 나이지리아의 여자 스켈레톤 선수 시미델레 아데아그보 역시 20명의 출전자 중 꼴찌에 그쳤지만, 전혀 위축된 모습이 아니었다. 그녀는 선수촌에 입촌하면서도 기자와의 인터뷰에서 이렇게 말했다고 한다.

"이번 대회 성적은 중요하지 않아요. 최선을 다해서 내 능력의 최대치를 발휘한다는 데 의미가 있죠. 그게 곧 올림픽 정신 아닌가요."

　아프리카 선수들은 분명히 자신들의 한계를 알고 있었다. 올림픽에 처음 출전하는 선수들이 대부분이었다. 연습량도 부족했고, 연습 장소도 마땅치 않았다. 장비도 형편없었다고 한다. 이들은 그저 출전하는 것만으로도 즐거워했다. 만약 이들이 금메달을 못 땄다고 자책하거나 팀 동료를 비난한다면 어떨까? 한마디로 어처구니가 없는 일이다. 이들은 자신들의 수준과 올림픽 선수들의 수준을 정확히 알고 있었다. 자신들이 통제할 수 있는 것과 없는 것을 정확히 구분했다고 볼 수 있다. 자신들이 통제할 수 없는 것은 좋은 성적이고, 통제할 수 있는 것은 올림픽에 참가해서 최선을 다하고 경기를 즐기는 것뿐이라는 사실을.

　아프리카 선수 말고 세계적 수준의 선수들은 어떨까? 물론 이들은 좋은 성적을 기대할 수 있다. 하지만 엄밀히 말해 결과를 통제할 수는 없다. 자신이 아무리 잘해도 타인이 더 잘한다면 순위는 떨어질 것이기 때문이다. 뿐만 아니라 썰매처럼 0.001초를 따지는 경기는 작은 변수에도 결과가 달라진다. 이런 면에서 세계적 수준의 선수들 역시 결과를 통제하려고 했다가 자신의 뜻대로 안 되면 무력감에 빠지게 된다. 통제할 수 있는 것은 그저 자신이 그동안 연습했던 것을 최대한 발휘할 수 있도록 최선을 다해 경기에 임하는 것뿐이다.

정신분석에 따르면 심리적으로 건강한 사람이란 자신의 유아기적 욕구를 충족시키려고 애쓰는 사람이 아니라 현실적으로 불가능한 것은 기꺼이 포기할 줄 아는 사람이라고 한다. 대표적인 유아기적 욕구로는 세상을 자신의 뜻대로 통제하고자 하는 마음을 들 수 있다. 지금 말하는 과거나 미래, 그리고 타인에 대한 통제감도 일종의 유아기적 욕구인 셈이다. 포기할 것은 포기하고 현실감을 가지고 내가 할 수 있는 일에 최선을 다하는 것이 건강한 삶이다.

통제할 수
'있는'것

혜진은 이전과 다른 삶을 살 수 있다는 생각이 들었는지 조금은 밝은 얼굴로 나에게 질문했다.

"선생님, 과거도 미래도 타인도 통제할 수 없다면 제가 통제할 수 있는 것은 현재의 나뿐인데 구체적으로 무엇을 할 수 있을까요?"

"두 가지가 있을 것 같아요."

"두 가지요?"

나도 군에서 겪은 일이 생각날 때마다 습관적으로 했던 자기 책망과 비난을 멈추었더니, 그다음부터는 그때의 기억이 날 때마다 어떻게 해야 할지 몰라 혼란스러웠던 적이 있다. 이때 상담을 통해 도움을 받은 이야기를 했다.

"하나는 제 상담 선생님에게 배운 것이에요. 바로 그때의 기억이 났을 때, 절대로 저 스스로를 비난하거나 자책하지 않겠다고 결심하는 것을 넘어서서 저 스스로에게 '내 잘못이 아니었어. 너무 허망하지만 난 그때 아무것도 할 수 없었어. 더 이상 나를 자책하지 않겠어'라고 말해 주기. 이것이 혜진 씨가 통제할 수 있는 첫 번째 것이라고 생각해요."

"쉽지 않을 것 같아요. 자책과 자기 비난이 무력감을 벗어나기 위한 착각이라는 것을 알지만, 그래도 너무 익숙하거든요."

"맞아요. 사람은 자신에게 좋은 것보다는 익숙한 것을 선호하는 경향이 있죠. 혜진 씨, 자기 스스로의 편이 되어 주겠다고 결심하면 좋겠어요. 혜진 씨가 자책과 자기 비난을 계속하는 것은 자신에게 더 큰 상처를 내는 것이니까요. 과거나 미래, 타인은 통제할 수 없고 통제할 수 있는 것은 현재의 나뿐이라는 사실을 꼭 기억해야 해요."

"선생님 말씀대로 제가 통제할 수 있는 것은 그 기억이 저를 사로잡을 때마다 저에게 친절하게 대해 주는 것이라고 하셨는데, 막상 그때가 되어서 이렇게 하지 못하고 전처럼 저를 비난하면 어떡하죠? 그럼 저는 또 그런 저 자신을 비난할 것 같은 데요."

"그때도 혜진 씨는 다시 통제할 수 있는 것과 없는 것을 구분해야 해요. 자신을 비난했다면 그것은 과거가 되어 버렸으니 통제할 수 없는 것이죠. 워낙 자기 비난이 익숙했던 터라 어쩔 수 없었노라고 자신의 무력함을 인정하면서 다시 한번 자신을 비난하는 그 마음과 싸워야겠다는 결심을 해야 해요."

우리의 시간은 쉬지 않고 흐른다. 그래서 현재라고 말하는 그 순간은 곧바로 과거가 되어 버린다. 자신을 비난하지 않는 것이 내가 통제할 수 있는 일이기는 하다. 그런데 인간은 습관의 노예인지라, 결심한다고 쉽게 바뀌지는 않는다. 그래서 그 순간 또다시 자신을 비난해 버렸다면(과거), 그것을 알아차렸을 때(현재) 자신을 보듬어 주겠노라고 결심해야 한다.

"통제감을 발휘할 수 있는 두 번째는 무엇인가요?"

"두 번째는 혜진 씨가 힘든 일을 겪는 동안 잘 신경 쓰지 못했던 주변 사람들에 대한 것이에요."

"가족이요…?"

"네, 맞아요."

혜진 씨의 눈에 눈물이 고이기 시작했다. 너무 충격적인 일을 겪었던 터라 친구나 직장 동료 어느 누구에게도 제대로 도움을 요청할 수 없었을 때, 사랑하는 가족은 혜진이 의지할 수 있는 유일한 대상이었다. 하지만 한편으로는 딸에게 일어난 끔찍한 일을 받아들이기 힘들어하는 엄마의 비난 아닌 비난으로 혜진은 더 힘든 시간을 겪어야 했기에 가족에 대한 마음은 워낙 복잡했다.

"어떤 마음이에요?"

"가족을 생각하니 너무 고맙기도 하고 화가 나기도 해요. 물론 엄마는 제가 걱정되고 안타까워서 말씀하신 거겠지만, 그 말 때문에 저는 저 스스로를 비난하기 시작했으니까요. 너무 복잡해서 생각하기 싫었고, 잊고 싶었어요. 그런데 선생님이 주변 사람들이라고 말씀하실 때, 저도 모르게 울컥하더라고요."

"그 마음 전해 보면 좋겠어요. 고마운 마음, 속상한 마음 모두 엄마를 비롯한 가족에게 전하면 어떨까요? 이것은 혜진 씨가 통제할 수 있어요. 또 엄마에게 듣고 싶은 말이 있으면 직접 해 달라고 해요. 어떤 말을 들으면 혜진 씨 마음이 좀 풀릴까요?"

"엄마가 '우리 딸 많이 힘들었지? 엄마가 너 많이 사랑해'라는 말을 해 주면 좋겠어요."

"좋아요. 그럼 그 말을 해 달라고 어머니에게 말해 봅시다."

"선생님, 제가 통제할 수 있는 것은 현재의 나뿐이지 타인이 아니라고 하셨잖아요. 그런데 엄마에게 어떤 말을 해 달라는 것은 엄마를 통제하려는 것이 아닌가요?"

"어머니에게 듣고 싶은 말을 해 달라고 요구하는 것은 어머니를 통제하는 일이 아니에요. 어머니가 그 말을 끝까지 안 해 줬을 때 어머니를 비난하는 것이 통제하려고 하는 것이죠. 혜진 씨 어머니가 안 해 주더라도 혜진 씨가 당당히 요구하는 것은 통제감을 발휘하는 것이에요. 자녀에게 감정을 직접적으로 표현하는 것을 어색하게 느끼는 어머니들은 자녀의 요청에 주저할 수도 있지만, 자녀가 포기하지 않고 계속 요구하면 결국 대부분 해 주더라고요. 그리고 나중에는 자녀에게 고맙다고 이야기하는 경우도 많아요."

인간은 통제감을 추구하는 존재다. 통제감을 잃었을 때의 무력감이 끔찍하기 때문이다. 할 수만 있다면 신적 능력, 초능력을 가지고 싶어 한다. 현실에서는 불가능하니 꿈에서라도 갖기를 원하고, 영화를 비롯한 온갖 판타지를 통하여 통제감의 욕구를 충족시킨다. 이런 경향이 심해지면, 과거의 사건도 통제할 수 있었다고 착각하고 살면서 그러지 못한 자신을 비난하고, 미래의 결과마저 통제하려고 끊임없이 노력하고 온갖 수단을 동원한다. 더 나아가 타인도 통제하고 싶어 한다. 자신의 뜻대로 하지 않았다고 비난하고, 자신의 뜻대로 행동하라고 강요한다.

하지만 이런 영역에서는 통제감을 발휘하려고 할수록 점점 무기력해지는 역설이 발생한다. 따라서 무기력을 넘어서는 제대로 된 통제감을 발휘하려면 잘못된 통제감을 포기해야 한다. 그래야 비로소 현재 내가 통제할 수 있는 것이 보인다. 현재 주어진 상황에서 최선을 다하는 것, 그리고 내 주변 사람들에게 마음을 전하면서 소통하는 것. 이것을 하는 것이 진짜 우리 모두를 행복하게 만드는, 무기력을 쫓아내는 통제감이 아닐까.

✔ 성폭력을 비롯해 감당하기 어려운 일을 겪은 사람들은 책임을 자신에게 돌리고 스스로를 비난하는 경우가 많다.

✔ 과거의 일에 대해 자책하고 자신을 비난하는 이유는 그 상황에서 겪은 무력감을 물리치고 통제하고 싶기 때문이다. 그러나 설사 과거로 돌아가더라도 통제할 수는 없다. 따라서 자신에 대한 비난은 결국 통제력 착각에서 나온 것이다.

✔ 잘못된 통제감을 얻으려고 할수록 아무것도 할 수 없는 무력감에 빠지게 된다.

✔ 무력감을 벗어나기 위해서는 잘못된 통제감을 버려야 한다. 잘못된 통제감이란 과거나 미래를 통제하려는 것이고 타인을 통제하려는 것이다.

✔ 오로지 내가 통제할 수 있는 것은 현재의 나뿐이다.

✔ 제대로 된 통제감을 발휘할 수 있는 영역은 자기 자신에게 친절하기와 나를 사랑하는 사람들과 마음 나누기다.

Chapter 8

사랑한 만큼 증오하게 되는 이유

• 사랑의 역설 •

결혼 이후
무슨 일이 일어나기에

─

1980년대만 해도 결혼식 주례자가 신랑 신부에게 이런 식으로 사랑의 서약 질문을 했다.

"신랑은 신부를(신부는 신랑을) 맞이하여 기쁠 때나 슬플 때나 서로 믿고 의지하며 검은 머리가 파뿌리가 되도록 눈이 오나 비가 오나 바람이 부나 서로 사랑하고 존경하며 함께할 것을 맹세합니까?"

'파뿌리'라는 표현을 처음 들은 것은 초등학생 시절 삼촌의 결혼식에서였다. 그때는 결혼이 무엇인지 잘 몰랐다. 그저 사촌들을 만나 함께 맛있는 음식을 먹으며 놀 수 있다는 것이 좋았다. 이런 즐거움을 누리기 위해서는 지루하기 짝이 없는 결혼식이 끝나기만을 기다려야 했다. 지루함의 고통이 끝나고 있다는 것을 알려 주는 신호가 '파뿌리'였다.

어렸을 때는 '파뿌리'의 비유적 의미를 몰랐기에 왜 결혼식에서 파의 줄기도 아닌 뿌리를 말하는지 이해하기 어려웠다. 나중에서야 어머니가 파를 다듬는 모습을 보면서, 특히 파에서 과감히 잘라 내시는 파뿌리가 흰 머리카락처럼 생겼다는 것을 깨닫고는 그 의미를 짐작할 수 있게 되었다. 요즘 결혼식에서는 '파뿌리' 같은 진부한 표현을 쓰지는 않지만, 어떤 식으로든 한평생 사랑하겠다는 서약은 빠지지 않는다.

결혼식에서 사랑의 서약을 하는 것은 체면 때문이 아니다. 즉, 일가친척과 친구들 앞에서 "일단 살아 보고 영 아니다 싶으면 이혼하겠습니다!" 하지 않고, "한평생 잘 살겠습니다!" 하는 이유는 결혼할 때는 누구라도 사랑이 지속되기를 바라고, 또 지속될 수 있을 것이라고 확신하기 때문이다. 물론 현실은 다르다. 결혼하는 사람들 중 상당수가 결국 이혼한다. 왜일까? 단순하게는 사랑해서 결혼했는데 이제 사랑하지 않아서 이혼한다고 생각할 수 있지만, 실상은 그리 간단하지 않다.

결혼은 두 사람의 감정 이상이다. 자녀가 있다면 서로에 대한 감정이 식었더라도 부부 관계를 유지해야 할 필요가 있다. 자녀가 없더라도 서로의 삶이 겹치고 공유하는 부분이 많기에 결혼 생활을 유지하는 편이 서로에게 득이 될 수도 있다. 특히 우리나라는 결혼이 두 사람만의 결합이 아니라 두 집안의 결합인 경우가 많다. 둘 사이의 사랑이 식었다고 이혼한다면 손해가 이만저만이 아닌 것이다. 또 이혼을 바라보는 부정적 시선이 예전에 비해서는 많이 사라졌다고는 하지만, 여전히 주변 사람의 시선이 신경 쓰여 웬만하면 참고 사는 편을 택하는 부부도 적지 않다.

그런데도 이혼을 한다면, 그 이유는 도저히 함께 살 수 없기 때문이다. 자신들의 이혼이 자녀에게 상처를 줄 수 있고, 주변 사람들의 시선을 감내해야 하고, 시댁이나 처가 식구, 배우자의 친구들과 맺은 관계가 다 끊어지는 것을 충분히 감내할 정도로 결혼 생활이 고통스럽기 때문에 이혼을 선택한다. 단지 사랑이 식어서가 아니라, 증오와 분노, 모욕감까지 느끼기 때문이다. 그때는 죽도록 사랑했지만, 이제는 죽이고 싶을 만큼 미워하게 된 것이다. 결혼과 이혼 사이에 도대체 무슨 일이 일어난 것일까?

많은 이들이 성격 차이 때문에 이혼한다고 말한다. 실제로 성격 차이는 이혼 사유 1위에 오르는 단골 메뉴다. 다른 이혼

사유(경제적 무능, 외도, 가정 폭력 등)와 비교해 보면 성격 차이가 무엇을 의미하는지 모호하다. 글자 그대로 성격이 다르기 때문에 이혼한다는 것은 말이 안 된다.

생각해 보라. 단지 성격이 다르다고 해서 이혼으로 발생하게 될 현실적, 심리적 고통을 감내하지는 않을 것이다. 부모나 형제자매처럼 피를 나눈 사이도 성격은 다르다. 하지만 같이 살지 않는가. 친구끼리는 어떤가? 성격이 다르다고 친구와 헤어지지는 않는다. 이런 면에서 성격 차이는 그저 대외용 멘트일 뿐, 부부가 갈라서는 진짜 이유는 상대에 대한 분노가 통제할수 없을 정도로 커졌기 때문이다. 그래서 다른 손해를 감내하고서라도 이혼을 감행한다.

우리나라 사람들은 어느 정도나 결혼하고 이혼할까? 통계청에서 발표한 자료에 따르면 2017년에 26만 쌍이 결혼(초혼과 재혼 포함)했고 11만 쌍이 이혼했다. 이런 수치를 놓고 어떤 이들은 결혼한 사람들 중 42%가 이혼한다고 결론을 내린다. 실제로 언론에서도 이렇게 기사를 내지만 이는 해석의 오류다. 당해 연도의 결혼과 이혼을 직접 비교하는 것은 마치 출생과 사망을 직접 비교하는 것과 비슷하다. 2017년 출생아는 대략 35만 명이고 사망자는 28만 명인데, 이를 두고 출생아 중 80%가 죽는다고 결론 내릴 사람은 없을 것이다. 결혼과 이혼도 마찬가지다.

조금 더 정확한 통계를 보려면 인구 1,000명 당 이혼 건수를 의미하는 조粗이혼율을 확인해야 한다. OECD도 이혼 관련된 통계를 낼 때 이 기준을 사용한다. 2017년의 조이혼율은 2.1건으로 OECD 평균 수준이다. 그리고 우리나라 과거 조이혼율과 비교해 보면 2003년 3.4건으로 최고점을 찍은 후 지속적으로 하락하고 있다.

그러나 이혼율이 낮다고 안심할 수는 없다. 왜냐하면 이전에 비해서 결혼하는 사람의 비율도 줄어들고 있기 때문이다. 실제로 인구 1,000명 당 혼인 건수를 의미하는 조粗혼인율은 5.2건으로 1970년 통계 작성 이후 최저다. 조혼인율이 가장 높았던 때는 1980년으로 10.6건이었다. 이때와 비교하면 혼인율은 절반으로 떨어졌다.

이혼율은 크게 줄지 않았는데 혼인율이 급격하게 하락한 현상은 사람들에게 결혼이 그리 좋은 선택지가 아니라는 것을 보여 주는 단적인 예다.

왜 사랑이
원수가 되나?

———

　결혼 적령기에 있는 사람들이 결혼하기를 주저한다. 여러 가지 이유가 있다. 먼저 경제적 측면을 무시할 수 없다. 하늘 높은 줄 모르고 치솟는 집값도 고민이고, 안정된 직장을 얻지 못했기 때문이기도 하다. 또한 배우자에 대한 기대가 높아진 것도 결혼 상대자를 찾는 데 어려운 요소다. 예전에는 그저 좋은 혹은 안정된 직장에 다니는 사람이면 됐지만, 이제는 학력과 가정 배경뿐 아니라 개인의 성격도 빼놓을 수 없는 기준이 되었다. 친절하거나 성실하거나 자신의 삶에 대한 확고한 비전이 있다거나 아니면 좋은 아빠나 좋은 엄마가 될 만한 사람이어야 한다는 기준도 첨가되었다. 이런 기준을 모두 충족하는 사람이 과연 있기나 할까!

이처럼 결혼하고 싶어도 여러 가지 장벽 때문에 미혼未婚으로 남아 있는 사람들도 있지만, 요즘에는 결혼에 대해서 다른 선택을 하는 사람들이 있다. 비혼非婚이다. 결혼을 하고 싶지만 여러 가지 이유로 하지 못한 상태를 미혼이라 한다면, 비혼은 적극적으로 결혼하지 않기로 선택했다는 의미다. 어떤 이들은 독신獨身과 뭐가 다르냐고 하는데, 독신이 말 그대로 혼자 지내는 것을 의미한다면 비혼은 누군가와 동거하는 상태도 포함한다. 적극적으로 결혼 제도를 거부하는 것이다.

◇ **미혼과 비혼 사이**

얼마 전 비혼을 고려하고 있다는 후배 김 모양과 이야기를 나눈 적이 있다. 아직 미혼인 후배는 심리학을 전공했지만, 졸업 후 진로를 바꿔서 외국계 여행사에 영업직으로 입사해 승승장구하고 있었다. 처음에는 행복한 가정을 꾸리고 싶은 마음에 좋은 짝을 만나려고 애썼다고 했다. 어떤 사람이 좋은 짝이냐는 말에 후배는 조건을 술술 이야기했다.

"우선 경제적인 부분이 중요하죠. 함께 돈을 모아서 작은 아파트 한 채라도 사면 좋겠어요. 사실 부모님 배경이 있으면 더

할 나위 없어요. 물론 자기 능력도 중요해요. 돈 때문에 싸우기는 싫거든요. 꼭 전문직은 아니더라도 중견 기업 정도는 다녀야 할 것 같아요. 또 제 취미인 뮤지컬도 좋아했으면 좋겠는데, 꼭 좋아하지는 않더라도 저랑 함께 관람하고 이야기 나눌수 있을 정도면 돼요. 그런데 이런 것들은 어느 동네에 사는지, 재산은 얼마나 있는지 물어보거나 대학과 대학원에서 어떤 전공을 했는지 보면 알 수 있잖아요. 하지만 쉽게 확인할 수 없는조건이 있어요."

"그게 뭔데?"

"남편으로서나 아이들의 아빠로서 성품이랄까요? 주변에 결혼한 사람들을 보니 연애할 때는 아주 다정다감해도 결혼하니달라지는 남자들이 많더라고요. 어떤 사람은 결혼하고 바로달라지고, 또 어떤 사람은 아이를 낳고 나서야 달라지기도 해서 미리 알아차리기가 어렵잖아요. 그래서 저는 지금까지 어떤 사람을 만나든지 과연 결혼 후에도 가정에 성실할 사람인지살펴보려고 애쓰는 편이었어요. 다른 조건은 괜찮았지만, 이부분에서 부족할 것 같아서 헤어진 경우도 적지 않아요."

"이런 조건들을 유난히 중요하게 생각하는 이유라도 있는 거야? 이런 조건이 충족되지 않으면 큰일이라도 날 것 같아?"

"저희 부모님은 정말 많이 싸웠어요. 하루라도 싸우지 않는날이 없었죠. 어렸을 때는 그저 무섭기만 했는데, 조금씩 크면서 부모님이 싸우는 이유를 알았어요. 처음에는 돈 때문이었죠. 아버지가 사업을 하다가 실패해서 엄마가 경제적으로 너무 많은 짐을 감당해야 했거든요. 엄마는 늘 돈을 빌리러 다녀야 했어요. 무능력한 아빠를 보면서 결심했죠. 경제적으로 안정되지 않은 사람과는 결혼하지 않겠다고요."

"성격을 따지는 것은?"

"아빠가 결국 재기해서 더 이상 경제적으로는 어렵지 않게 되었어요. 그렇다고 엄마 아빠가 싸우는 일이 사라진 것은 아니에요. 엄마는 아빠가 거의 매일 친구들이나 사업차 만난 사람들과 술만 먹고 다니면서 호구처럼 그 사람들의 비위를 맞추지만, 정작 가족에게는 무심하다면서 불평이 끊이질 않았죠. 이 부분은 저도 동감해요. 아무리 돈이 많아도 가정에 무심한 사람과는 결혼하기 싫어요."

결혼 생활에 대한 기대는 어린 시절부터 형성된다. 직접 목격할 뿐만 아니라 그 영향을 직접적으로 받을 수밖에 없는 부모의 결혼 생활 때문이다. 특히 행복하지 않은 어린 시절을 보냈다고 느끼는 사람들은 그 원인을 부모의 결혼 생활에서 찾는 경우가 많다. 그들은 부모가 부부로서 왜 행복하지 않았는지 그 이유를 따져 본다. 그리고 자신은 부모와 같은 실수를 범하지 않기 위해서 조건을 따지게 된다. 혹시나 조건을 충족하는 사람을 만나면 결혼을 결심하지만, 그러지 못하면 미혼으로 남는다.

"그런데 이제는 비혼으로 살아야겠다고 생각하고 있어요."

"왜? 조건을 충족할 만한 사람이 나타나지 않을 것 같아서?"

"사실 얼마 전에 조건에 부합한 사람을 만나기는 했어요. 그런데 그 사람이 홀어머니를 모시고 있더라고요. 그 사람은 자기 어머니 성격상 고부 갈등은 확실히 없을 것이라고 했지만, 사람 일은 모르잖아요. 세상이 달라졌다 해도 여전히 명절이면 대부분의 사람들이 시댁부터 가니까요. 게다가 생각해 보니 어차피 부부는 등 돌리면 남이고, 함께 살다 보면 서로에 대한 감정도 식게 될 것이고, 제 아무리 조건이 좋다 해도 끝까지 좋게 지낼 수만은 없다는 생각이 들었어요. 결혼의 구조적 문제랄까요. 저희 부모님도 몇 달 전에 결국 이혼했거든요. 좋든 싫든 거의 30년 넘게 결혼 생활을 유지한 두 사람이 갈라서는 모습을 보니 너무 허망하더라고요. 다 부질없다는 생각도 들고. 그래서 비혼을 생각하고 있어요."

◇ 대물림되는 결혼 생활

후배의 이야기를 들으면서 비혼을 고려하게 된 데는 부모님의 이혼이 결정적이었다는 인상을 받았다. 차라리 미국이나 유럽처럼 서로 맞지 않는다고 느낄 때 빨리 이혼하면 좋을 텐데, 그동안 우리나라는 이혼에 대한 사회적 편견이 심한 탓에 고통을 참으면서 결혼 생활을 유지하는 부부가 많았다. 최근에야 더는 버틸 수 없는 한계 상황에 도달한 사람들이 많고, 또 사회적으로도 이혼에 대한 편견이 전보다는 많이 줄어들기도 해서 황혼 이혼이 증가하고 있다.

사실 황혼 이혼 자체는 문제없다. 자신들이 원해서 결혼을 선택했고, 시간이 지나서 다른 선택을 하는 것일 뿐이다. 문제는 자녀들이다. 행복하지 못한 결혼 생활을 어렸을 때부터 아주 오랜 시간 동안 가까이서 목격한 자녀들은 결혼에 대해서 부정적이고 회의적일 수밖에 없다.

실제로 우리나라의 황혼 이혼은 계속 늘어 가고 있는 추세다. 이혼 관련 통계에서 빠지지 않는 혼인 지속 기간별 이혼 구성비를 살펴보면 이 사실을 확인할 수 있다. 결혼 생활을 얼마나 유지하고 이혼하는지에 대한 통계인데, 1997년만 하더라도 신혼부부(0~4년)의 이혼이 전체의 31.0%를 차지했고 혼인 지속 기간이 길수록 전체에서 차지하는 비율이 낮았다. 반면 2017년에는 결혼 생활 20년이 넘은 부부의 이혼, 소위 황혼 이혼이 전체의 31.2%를 차지해 가장 많았다.

예전부터 많은 심리학자들이 우리나라의 경우 실제 이혼보다는 정서적 이혼에 주목해야 한다고 말했다. 정서적 이혼이란 법적으로는 부부 관계를 유지하고 있으나 정서적으로는 이혼 상태에 있는 것을 의미한다. 한 집 안에 살고 있으나 이혼한 것이나 마찬가지인 상태다. 성관계는 물론 대화도 거의 하지 않는 상태다. 자식들 때문에, 부모님 때문에, 친인척이나 친구 등 주변 사람들 때문에, 그리고 사회적 분위기 때문에 차마 이혼하지 못하는 부부다. 이런 부부들이 이제는 법적으로도 이혼하겠다며 세상으로 나오기 시작한 것이다.

지금 이혼을 감행하는 사람들은 이전 세대와는 달리 중매든 연애든 분명 자신이 좋아하고 사랑해서 결혼한 사람들이다. 그중에는 주변의 극심한 반대를 무릅쓰고 죽도록 사랑해서 결혼한 이들도 있다. 그런데 이제는 왜 헤어지지 못해 안달일까? 주례자 앞에서 '검은 머리가 파뿌리가 될 때까지' 서로를 사랑하겠다고 서약까지 한 이들이 어쩌다가 판사 앞에서 이혼 선고를 듣게 된 것일까?

흔히들 부부를 '전생의 원수'라고 한다. 분명 한때는 서로 사랑한 사이인데, 그래서 수많은 난관을 극복하고 결혼했는데, 이제는 서로를 미워하고 저주하는 모습이 마치 원수지간처럼 보인다. 그런데 분명 이생에서는 원수가 아니었으니 전생에서 원수였다고 해석할 수밖에 없지 않겠는가! 왜 죽도록 사랑했던 부부가 서로를 죽이고 싶어 하는 지경까지 이르는 것일까? 이것을 이해하려면 먼저 사랑부터 알아야 한다. 사랑하지 않았더라면, 분노하지도 않았을 테니까.

당신이 하필
그 사람을 사랑한 이유

우리는 누구와 사랑에 빠질까? 사랑이라는 주제에 대해 많은 심리학자들이 연구를 진행했고, 다양한 이론과 주장이 있다. 그중에서 먼저 사회심리학 분야에서 진행된 매력에 대한 연구 결과를 살펴보자. 참고로 사회심리학이란 인간의 마음과 행동을 설명할 때 의식이나 무의식, 성격이나 동기처럼 인간의 심리적 차원이 아니라, 인간이 처한 사회(환경, 문화)의 영향으로 설명하는 심리학의 하위 분야다. 사회심리학자들은 다양한 연구를 통해 우리가 누구에게 끌려서 사랑에 빠지는지 몇 가지 매력의 법칙 Laws of Attraction 을 발견했다.

◇ **매력의 법칙**

첫 번째는 근접성 Proximity 이다. 물리적으로 가까이 있을수록 사랑에 빠질 가능성이 높다는 것이다.

사람들은 대체로 운명 같은 사랑을 꿈꾼다. 백마 탄 왕자를 기다리듯이 길을 가다가 넘어졌을 때 고급 승용차에서 내린 훈남(훈훈한 분위기의 남자)이 일으켜 주기를 기대하고, 백설공주 이야기처럼 친구들과 산행을 갔을 때 우거진 숲 속에 창백한 미인이 쓰러져 있기를 기대한다. 그러나 꿈 깨자. 대부분의 사람들은 일상에서 만나는 사람들과 사랑에 빠진다.

주변에 사랑에 빠진 연인이나 서로 좋아해서 결혼한 부부가 있으면 한번 확인해 보라. 어디에서 만났는지. 대부분은 동네 사람이거나 학교 선후배, 혹은 동호회나 종교 단체처럼 꾸준히 만날 수 있는 곳에서 알게 된 사람들이다. 맞선이나 소개팅으로 상대를 만나더라도 근접성을 피해 가지는 못한다. 처음에는 호감을 가졌더라도 자주 만나지 않으면 그 호감이 유지될 수 없을 것이다.

근접성이 중요하지만 그렇다고 아무하고나 사랑에 빠지지는 않는다. 매력의 두 번째 법칙은 외모, 즉 신체적 매력이다.

잘 생기고 예쁜 사람에게 끌리는 것은 당연지사! 그러나 세상의 모든 사람들이 가장 매력적인 한두 사람에게만 몰리지 않는다. 그 이유는 짝 맞추기 현상Matching Phenomenon 때문이다. '짚신도 짝이 있다'는 속담과 일맥상통한다. 짚신의 입장에서도 비단신이나 고무신이 좋아 보이기는 하겠지만 그렇다고 비단신이나 고무신이 짚신의 짝이 될 리 없다.

사람도 그렇다. 무조건 멋있고 잘생기고 예쁜 사람보다는 자신과 비슷한 외모를 가진 사람을 짝으로 선택한다. 오래된 부부가 서로 닮았을 경우 사람들은 '부부는 닮는다더니…'라고 생각한다. 원래는 서로 달랐는데 함께 살면서 생활 습관이나 말투, 사고방식은 물론 외모까지도 서로를 닮아 간다고 생각한다. 하지만 심리학자들은 살아가면서 닮게 되었다기보다는 원래 비슷한 사람들끼리 사랑에 빠진 것이라고 말한다.

세 번째는 유사성Similarity 이다. 유사성은 외모뿐만 아니라 가치관이나 지역, 인종과 피부색, 기호와 취미, 종교에도 적용된다. 다시 말해, 자기와 유사한 사람에게 호감을 느낀다는 것이다.

실제로 부부간에 공통점이 많을수록 보다 행복하다. 그리고 이혼할 확률도 적다. 연인이나 부부끼리 함께 지낼 때 기호와 취미가 다르면 갈등이 생기기 쉽다. 척하면 척하고 알아듣고, 눈빛만 봐도 상대의 마음을 알아차릴 수 있고, 상대의 마음이 자신의 마음과 같을 때 서로를 잘 이해하고 공감하기 때문이다.

◇ **전이의 법칙**

사회심리학자들이 발견한 대표적인 매력의 법칙을 살펴보았다. 물론 이 몇 가지 법칙만으로 모든 사랑을 설명할 수는 없다고 생각할 것이다. 그렇다면 정신분석 Psychoanalysis 을 창시한 프로이트 Sigmund Freud 가 말하는 매력의 법칙을 참고해 볼 수 있다. 프로이트는 사람의 행동을 이해하는 틀로 성性과 과거 경험을 제시했다.

프로이트는 성, 곧 성적 추동 Sexual Drive 이 인간의 핵심 동기라고 주장한다. 성적 추동이란 단지 섹스 행위, 곧 성교만을 의미하는 것이 아니다. 성교를 넘어서 한 개인이 성공하고 성취하며 경쟁에서 이기고 싶은 욕구처럼 보다 적극적으로 살고자 하는 에너지를 의미한다. 더 넓게는 인류를 보존하고 발전시키려는 원동력을 의미하기도 한다. 프로이트에게 성性은 곧 삶生이고 사랑이었다.

또한 프로이트는 현재의 행동이 과거에 뿌리를 두고 있다고 말했다. 즉, 어른은 어린 시절의 경험을 반영하는 경향이 있다는 것이다. 정신분석에서 구강기 고착이라고 부르는 현상을 보자.

모유를 충분히 먹은 아기가 여전히 엄마의 젖을 빨고 싶어한다. 엄마 입장에서는 아기의 욕구를 충족시켜 주고 싶지만, 한편으로는 편히 쉬고 싶은 마음이 굴뚝같다. 물론 아기가 배가 고프다면 힘들고 피곤해도 가슴을 내어주겠지만, 단지 무언가를 빨고 싶어 하는 욕구 때문이라면 어떻게 해야 할까? 가장 이상적이라면 아기도 엄마도 조금씩 양보하는 것이다. 엄마도 조금 더 힘을 내고, 아기도 조금만 욕심을 부리고 엄마를 편히 쉬게 해 주는 것이다.

이때 아기는 양보할 수 있는 인지적 능력이 없으니 결국 엄마에게 달려 있다. 엄마가 너무 피곤한 나머지 아기의 욕구를 곧바로 좌절시키면 아기는 자지러지게 울 것이다. 이런 경험이 반복되면 아기의 마음에 상처로 남아서 자신의 손가락을 빠는 등의 보상 행동을 보인다. 그런데 이 행동마저 엄마나 주변 사람들에게 계속 제지를 당하면, 어른이 되어서도 좌절된 욕구를 보상하는 행동을 하게 된다.

반면 엄마가 자신의 피곤함과 수유 통증을 무릅쓰고 아기가 완전히 만족할 때까지 기다려 준다면 좋기만 할까? 그렇지 않다. 이런 지나친 만족은 아이의 마음에 강렬한 즐거움으로 남아서 조금만 힘들어도 엄마의 가슴에 얼굴을 파묻으려고 할 것이고, 심하면 어른이 되어서도 이와 비슷한 행동을 하게 된다.

프로이트의 이런 설명을 문자 그대로 받아들이면 오해할 여지가 많다. 사람들의 삶은 굉장히 복잡하고 어떤 행동에 영향을 미치는 요인은 아주 많기 때문이다. 또한 어른의 모든 행동을 과거 어린 시절의 경험만으로 해석할 수도 없다. 하지만 현재의 삶이 과거에 근거하고 있다는 프로이트의 핵심 주장을 무시할 수 없다. 이 주장은 프로이트가 책상 앞에서 상상해 낸 것이 아니라 수많은 사람을 정신분석하면서 얻은 결론이기 때문이다.

과거의 경험이 현재에 반영되고 있다는 프로이트의 깨달음은 단지 개인의 행동에만 국한되는 것이 아니다. 관계 역시 과거를 반영하고 있다. 많은 내담자들은 프로이트를 상담자가 아닌 자신의 삶에서 중요했던 과거의 누군가로 보는 경향이 있었다. 처음에 프로이트는 내담자의 이런 태도가 치료를 방해한다고 생각했다. 그래서 과거의 것이 현재로 옮겨 오는 마음의 병이라는 뜻으로 전이신경증Transference Neurosis 이라고 했다.

그러나 자신의 생각과 다르면 무조건 무시하는 대부분의 사람들과 달리 프로이트는 무가치하고 불필요하게 여겨지는 것도 끊임없이 세심하게 관찰하는 사람이었다. 그래서 자신을 과거의 부모나 배우자 혹은 친구로 대하는 내담자들의 태도를 잘 살펴보았고, 결국 내담자가 떠올리는 그 사람이 내담자에게 상처를 준 사람이거나 혹은 내담자의 상처 치유에 중요한 사람이라는 사실을 발견했다. 그리고 이 현상은 단지 마음의 병이 아닌 치료의 열쇠가 된다고 결론지었다. 또 명칭에서도 신경증이라는 표현을 빼고 그냥 전이Transference 라고 불렀다.

전이는 상담 장면에서만, 즉 상담지와 내담자 사이에서만 나타나는 것은 아니다. 어떤 인간관계에서도 나타날 수 있다. 학교나 회사, 동호회처럼 다양한 사람들이 모인 곳에 가면, 아무런 교류가 없었더라도 막연히 끌리는 사람이 있고, 반대로 막연히 싫은 사람도 있다. 왜 그럴까? 그들의 말투나 행동, 전반적 느낌에서 내가 좋아했거나 싫어했던 사람을 떠올리기 때문이다. 이 역시 전이다.

첫인상뿐 아니라 관계를 맺는 과정에서도 전이가 적용된다. 처음에는 호감이었다가 계속 만나면서 친해질수록 너무 싫어지는 사람도 있고, 반대로 처음에는 전혀 호감이 없었는데 만나다 보니 너무 좋아지는 사람도 있다. 이 역시 과거 누군가와의 경험이 반영되는 것이다.

그렇다면 우리가 누군가와 사랑에 빠지는 것도 전이의 결과라고 할 수 있다는 것인가? 그렇다. 사랑을 과거 경험의 반영으로 보는 것은 정신분석의 핵심이기도 하다. 우리가 누군가를 사랑할 때, 그 감정과 관계를 잘 들여다보면 우리의 과거에서 그 원인을 찾을 수 있다.

그 사랑은
사랑이 아니다

미국의 정신과 의사이자 실존주의 심리 치료와 집단 상담으로 유명한 어빈 얄롬Irvin Yalom은 많은 책을 출간했다. 그중 우리에게 가장 많이 알려진 책은 《나는 사랑의 처형자가 되기 싫다》이다. 이 책은 얄롬이 자신의 상담 사례를 각색한 것으로 총 10장으로 이루어져 있다. 처음에 이 책의 제목을 보았을 때, 무슨 말인지 이해하기 어려웠다. 사랑의 처형자라니? 이런 의문은 책을 읽기 시작하면서 바로 풀렸다. 1장의 제목이 '사랑의 처형자'이기 때문이다. 1장의 도입부에서 그는 이렇게 말한다.

"나는 사랑에 빠져 있는 내담자와 작업하는 것을 좋아하지 않는다. 이는 어쩌면 나 역시 매력적이고 싶은 부러움 때문일 것이다. 혹은 사랑과 심리 치료가 근본적으로 양립할 수 없는 것이기 때문일 수도 있다. 좋은 치료자는 어둠과 싸워 불빛을 찾는 것인데, 낭만적인 사랑은 신비로워야 지속되고 그 사랑을 자세히 해부해 살펴보면 신기루가 되어 날아가 버린다. 나는 사랑의 처형자가 되기 싫다."

낭만적인 사랑, 신비로운 사랑을 자세히 살펴보면 그 환상과 낭만은 사라져 버린다는 얄롬의 말에 동의한다. 사랑이란 알고 보면 그저 과거에 좋았던 것을 되풀이하거나 부족했던 것을 채우기 위한 몸부림이라는 사실을 인정하지 않을 수 없기 때문이다. 이 사실은 군이 심리학자가 아니더라도 사람의 속마음을 들여다볼 수 있는 통찰력 있는 사람이라면 알 수 있다.

◇ **왜 나는 항상 비슷한 사람을 만날까?**

미선은 연애 상담을 받고 싶다며 상담실 문을 두드렸다. 주변의 친구들이 자신에게 상담을 강력하게 권유했다면서 말이다. 친구들이 하도 답답해하며 성화를 하는 탓에 오긴 왔는데, 솔직히 자기는 뭐가 문제인지 모르겠다고 한다. 그래서 친구들은 무엇 때문에 상담을 권유하는 것 같냐고 물으니 이렇게 대답했다.

"친구들은 제가 늘 비슷한 사람만 좋아한대요."

미선이 좋아하는 사람은 어떤 사람일까? 그녀의 말을 종합해 보면 이렇다.

일단 친절한 사람에게 끌린다. 외모나 학벌, 집안 배경도 중요하지 않다. 심지어 경제적 능력도 중요한 관심사가 아니다. 일단 자신에게 잘해 주기만 하면 그녀는 마음을 열고 교제를 시작한다. 그런데 교제를 시작하면 남자들은 하나같이 돌변했다. 미선에게 큰돈을 빌리고 갚지 않는 것은 예삿일이고, 친절하기는커녕 무심하면 다행이고 심지어 때리는 사람도 있었다. 친구들은 그럴 때마다 미선에게 헤어지라고 했고 미선도 헤어질 결심을 했지만, 가끔 보이는 착하고 친절한 모습이 떠올라 차마 말을 못 할 때가 많았다. 그리고 여러 번 결심해서 헤어지자고 말하면 그동안 미안했다며 잘못을 구하는 남자의 모습에 마음이 약해져서 헤어지기가 어려웠다. 지금의 남자 친구 역시 이런 상황이었다.

"주변 친구들의 생각은 그렇다 치고, 미선 씨는 그 사람에게 어떤 감정을 가지고 있어요?"

"저는 그 사람을 사랑한다고 생각해요. 대체로 저에게 나쁘게 대하지만, 그것은 그만큼 저를 가깝게 여기기 때문이라고 생각해요. 또, 다른 사람들은 모르지만 그 사람 안에 착하고 여린 모습이 있거든요. 그런 모습도 좋아요."

주변 친구들이 모두 말리는데도 미선 씨는 왜 그 사람을 사랑한다고 느낄까? 어린 시절의 경험과 연관 지을 수 있었다.

지금은 돌아가신 미선의 아버지는 주사가 심했다. 평소에는 말수도 적고 무뚝뚝해서 미선은 아버지를 무섭다고 느꼈다. 그런데 술만 먹고 들어오면 엄마랑 싸우다가 엄마를 때리거나 물건을 부수는 것은 물론, 때로는 자고 있는 자신과 동생들까지 깨워서 혼내고 때리는 일이 다반사였다.

이런 아버지 때문에 미선은 친절하고 자상한 남자에게 끌렸는데, 막상 연애를 시작하면 남자 친구가 자신에게 계속 잘해 줄 때보다 자신을 막 대할 때 오히려 편했다. 처음에는 이런 자신을 이해할 수 없었다며 멋쩍게 웃었다. 고민 끝에 미선은 이런 결론을 내렸다.

자신은 그렇게 괜찮은 사람이 아닌 것 같은데, 누군가가 자신에게 잘해 줄수록 왠지 남의 옷을 입고 있는 것처럼 불편했다. 그러다가 자기 자신에게 화를 내고 스스로를 비난하면, 옛날 아버지 생각이 나서 무섭기도 하지만 왠지 모르게 익숙했다. 동시에 자신이 조금만 더 잘하면, 남자 친구가 자신을 다시 친절하게 대할 수 있을 것 같은 목표까지 생겼다. 또한 자신이 잘 내조하면 경제적으로 무능력하고 사회성이 부족한 남자 친구를 좋은 사람으로 만들 수 있을 것 같다는 희망도 보였다.

"남자 친구와의 그런 관계가 꼭 부모님을 닮았다고 생각하지 않아요? 아버지가 어머니를 대했던 모습, 그리고 어머니가 아버지에 대해 가지고 있던 마음과 같다고 생각하지 않아요?"

미선은 이 말에 적지 않은 충격을 받았다. 한 번도 그렇게 직접적으로 연결시켜 본 적은 없지만, 두 모습이 닮아 있다는 사실을 부인할 수는 없기 때문이다.

아버지에게 따뜻한 사랑을 느껴 본 적이 없는 미선은 성인이 되어 따뜻하고 친절해 보이는 사람에게 강렬한 감정을 느꼈다. 마치 고통받고 있는 자신을 구해 줄 구원자를 만난 느낌이었다. 그런데 연애가 시작되면 미선은 다시 고통 속으로 들어간다. 미선은 왜 도망치지 않을까? 자신이 알던 모습이 아니라는 생각에 재빠르게 관계를 정리할 수도 있을 텐데.
그 이유는 어린 시절에는 그저 아버지가 무섭고 싫기는 했지만, 그런 경험을 계속하면서 자신도 모르게 나름대로 익숙해졌고 적응했기 때문이다. 무엇보다 중요한 점은 어린 시절에는 아버지에게 어떤 영향력도 미칠 수 없다는 무력감이 컸지만, 이제는 자신이 잘하면 남자 친구가 바뀔 수 있을 것 같은 생각이 들기 때문이다.

정신분석적 관점에 따르면, 우리는 어린 시절 좌절했던 그 지점으로 다시 돌아갈 수 있는 사람에게 강렬한 감정을 느낀다. 소위 자신의 구원자를 찾거나 자신이 구원해 줄 사람을 찾는다는 것이다. 보통은 이런 감정을 사랑이라고 착각한다.

미선의 경우, 아직 결혼 전이니 얼마든지 헤어질 수 있고 새로운 가능성과 기회도 꿈꿀 수 있다. 그러나 이 상태로 결혼한다면 어떨까? 결혼을 하는 순간 분명히 깨닫게 된다. 상대방이 자신의 구원자도 아니고 자신도 상대방의 구원자가 아니라는 사실을 깨달으면 그저 사랑의 감정이 식어서 중립으로 돌아오는 것이 아니라 그와 반대되는 감정이 강하게 올라온다. 즉, 구원자가 아니라는 사실을 알게 되면 자신의 인생을 나락으로 떨어뜨린 철천지원수로 느끼는 것이다.

◇ **사랑한 만큼 증오한다**

인간의 감정과 동기를 설명하는 이론 중 하나가 대립 과정 Opponent Process 이다. 어떤 감정이 사라지면 중간 상태로 돌아오는 것이 아니라 처음의 감정과 반대되는 감정이 발생한다는 것이다. 이때 감정의 크기도 같다. 즉, 처음의 감정이 작으면 뒤따르는 반대의 감정도 작고, 처음의 감정이 크면 뒤따르는 반대의 감정도 크다. 마치 수학의 사인파처럼 높이 올라갔으면 그만큼 낮게 떨어지는 식이다. 기대가 클수록 실망이 큰 것도, 애정이 컸다면 분노가 클 수밖에 없는 것도 이런 이치다. 이것이 사랑이 정반대의 감정인 분노로 바뀌는 이유다. 이것이 사랑의 역설을 만들어 내는 과정이다.

　그렇게 사랑했던 사람이 그토록 미워진다면 그냥 헤어지면 그만인데 왜 사람들은 쉽게 헤어지지 못할까? 그 이유는 상대를 선택한 것이 자신이라는 사실에 자괴감을 느끼기 때문이다. 자신을 희생해서라도, 상대에게 압박을 가해서라도 자신의 선택이 결국 옳았다는 것을 증명하고 싶기에 사람들은 쉽게 물러서지 못한다. 이혼이든 이별이든 관계를 끝내 버리는 것은 상대에게만 상처를 주는 것이 아니라 자신의 실패도 인정하는 것이기 때문이다. 그래서 결혼 후 20년이 넘도록 이혼하지 못하다가 결국 서로 죽고 죽이지 않으면 견디지 못할 지경까지 되어서야 겨우 갈라선다.

　나는 미선에게 알려 줘야 했다. 그것은 사랑이 아니라고. 어린 시절 해결하지 못했던 관계, 미해결 과제를 마치기 위해서 상대에게 느끼는 감정일 뿐이라고. 그러나 상대방은 그 감정을 해결해야 할 대상도 아니고 해결해 줄 수 있는 능력자도 아니라고.

하지만 전이가 아니라면 미선은 누구에게 사랑을 느낄 수 있을까? 아니 과거의 영향을 받지 않은 채로 누군가를 좋아하고 사랑할 수 있을까? 어쩌면 미선에게는 이런 관계가 삶의 희망이자 에너지일 수도 있는 것은 아닐까? 혹은 내가 이야기한다고 미선이 받아들일까? 오히려 반발감만 키워서 제대로 마음을 돌아볼 심리상담마저도 포기하는 것은 아닐까?

온갖 생각에 머리가 복잡하다. 그래서 나도 사랑의 처형자가 되기 싫다.

우정이라는
이름의 사랑

분노로 바뀌지 않는 사랑을 하려면 두 가지가 필요하다. 누군가를 사랑하기 전에 필요한 것과 누군가를 사랑하게 된 후에 필요한 것으로 구분해서 말하겠다.

먼저 누군가를 사랑하기 전이라면 자신의 관계 패턴, 즉 전이를 분명히 알아야 한다. 전이를 안다는 것은 여러 가지 의미가 있다. 자신의 과거 경험이 현재를 지배하지 못하도록 하는 것이다. 앞서도 이야기했듯이 많은 이들은 부모의 결혼 생활을 직간접적으로 경험하면서 특정 유형의 사람에게 끌리는 경향이 있다.

과거의 영향이 반드시 부모의 결혼 생활일 필요는 없다. 첫 사랑의 강렬한 기억이 이후에 만나는 사람의 유형을 결정짓기도 한다. 어린 시절 형제간의 관계가 영향을 미칠 수도 있다. 그 시작이 무엇이든 자신이 선호하는 유형이 있는지 살펴보는 것이 중요하다.

◇ **나의 관계 패턴 확인하기**

어떻게 자신의 전이를 확인할 수 있을까? 한 가지 방법은 지금까지 살면서 친밀한 관계를 맺었던 사람들을 떠올려 보는 것이다. 주로 연인이 되겠지만 친한 친구도 좋다. 이들과의 관계를 떠올리면서 다음의 질문에 따라 정리해 보자.

- 그 사람을 어떻게 만났는가?
- 어떤 점 때문에 그 사람에게 호감을 느꼈는가?
- 어떤 사건으로 친밀한 관계로 들어가게 되었는가?
- 주로 무엇 때문에 싸우고 갈등하게 되었는가?
- 갈등은 어떻게 진행되고 끝나는가?
- 헤어지게 된 이유와 계기는 무엇인가?

이렇게 하나씩 정리를 하다 보면 놀랍게도 자신이 그동안 연애했던 사람들이 모두 비슷한 과정을 거쳐서 사랑에 빠졌고 분노했고 헤어졌음을 알게 된다. 그리고 이것을 자신의 과거와 연관시켜 보면, 자신이 왜 이런 관계를 맺었는지 알게 된다. 만약 이런 작업을 혼자서 하기 어렵다면, 전문가를 찾아 심리상담을 받기를 추천한다.

전이를 확인했다면 그다음은 무엇일까? 전이와 어울리지 않는 사람을 만나야 하나? 아니면 전이를 알고도 끌리는 사람을 만나야 하나? 어떤 선택이든 상관없다. 전이를 확인한다는 것은 상대를 내 과거의 누군가로 보는 것이 아니라, 즉 상대를 나의 구원자나 내가 구원해야 할 대상으로 보는 것이 아니라 있는 그대로 볼 수 있는 가능성을 높인다는 의미다. 원한다면 자신의 전이와 무관한 사람을 만나는 것도 좋다. 혹은 자신이 상대에게 기대하는 것이 전이에 의한 것인지, 현실적인 것인지를 끊임없이 확인할 수 있다면 전이에 따라 끌리는 대로 만나는 것도 좋다.

◇ **있는 그대로 소통하기**

사랑의 역설에 빠지지 않기 위해서 누군가를 사랑하기 전에 전이를 확인하는 것이 중요하다면, 누군가를 사랑하게 된 후에는 무엇이 중요할까? 만약 당신이 이미 사랑의 역설로 고통받고 있다고 하더라도 걱정하지 마시라. 아직 끝은 아니다. 예전에는 사랑했던, 그러나 지금은 죽도록 미운 그 사람과 관계를 회복할 수 있는 방법이 있다. 바로 소통이다. 소통은 나의 마음과 너의 마음을 확인하는 작업이다.

엄밀히 말해서, 과거의 경험에 근거하지 않은 감정, 즉 전이가 아닌 감정은 없다. 우리의 기억은 끊임없이 과거를 떠올리기 때문이다. 기억상실증에 걸린 것이 아니라면 과거와 무관한 감정을 느낄 수는 없다. 이런 면에서 전이를 아는 것보다 더 중요한 것은 내 앞에 있는 사람, 내가 사랑하는 혹은 사랑했던 사람이 나의 구원자도, 내가 구원해야 할 사람도 아닌 나와 소통할 수 있는 사람이라는 사실을 깨닫는 것이다.

심리상담에서 내담자가 상담자를 자신의 부모나 형제, 옛 연인으로 보는 전이를 해결하는 과정도 마찬가지다. 전이는 내 앞에 앉아 있는 사람과의 소통을 방해한다. 상담자에게 전이를 느끼면, 상담자의 말과 행동 등 모든 것이 왜곡된다. 과거의 경험으로 현재의 상담자를 바라보기 때문이다. 이를 위해서 상담자는 내담자에게 끊임없이 현재의 자신을 봐 달라면서 소통을 시도한다.

상담자에게 전이가 일어나면 내담자는 상담자가 완벽하고, 말하지 않아도 자신의 마음을 알아 줄 것이라 기대하며, 늘 친절하게 자신을 대하거나 혹은 반대로 자신을 계속 싫어할 것이라고 생각한다. 그러나 이것은 진짜 상담자의 모습이 아니라 내담자의 과거 경험이 상담자에게 덧씌워 놓은 허상일 뿐이다.

사실 상담자는 완벽하지도 않고, 말하지 않으면 알 수 없다. 상담자는 내담자에게 늘 친절하지도 않고, 그렇다고 계속 싫어하지도 않는다. 그냥 소통할 수 있는 사람일 뿐이다. 그래서 상담자가 자신의 마음을 직접 전하고 내담자에게 마음을 말해 달라고 시도하면 내담자는 상담자를 있는 그대로 지각하기 시작한다. 이런 경험은 내담자로 하여금 주변 사람을 있는 그대로 보게 하는 출발점이 된다.

우리는 자신을 어린 아이로 인식하는 경향이 있다. 어린 시절부터 지금까지 살아오는 과정에서 변하지 않고 있는 내면의 어린 모습을 알고 있다. 반면 사랑하는 사람을 볼 때는 어린 모습이 아닌 어른의 모습으로 인식한다. 그래서 어른인 상대가 아직 어리고 여린 자신을 보듬어 주기를 기대한다. 놀라운 사실은 상대도 같은 기대를 가진다는 것이다. 자기를 어린 모습으로 인식하고, 당신을 어른의 모습으로 인식한다.

결국 사랑이란 어린이 두 명이 만나서 서로에게 어른 역할을 하라고 요구하고 떼쓰는 꼴이다. 그리고 상대가 그 기대를 충족시키지 않을 때 자신이 원하는 것을 해 줄 수 있는데도 일부러 해 주지 않는다면서 서로 욕하고 저주하고 싸우게 된다. 하지만 나도 마냥 어리지만은 않고, 상대도 마냥 어른은 아니다.

이런 전이를 벗어나기 위해서는 상대의 마음을 물어봐야 한다. 그리고 자신의 마음을 이야기할 수 있어야 한다. 자신이 보고 싶은 대로 상대를 보는 것이 아니라 있는 그대로 봐야 한다. 또한 상대도 마찬가지다.

◇ '우정'이라는 이름의 '사랑'

주변의 오래된 연인이나 부부를 보라. 상대에게 직접 마음을 묻거나 전달하지 않고 자신의 생각에 빠져서 상대를 바라보는 부부는 갈등이 극에 달해 있을 것이다. 갈등이 있더라도 서로 외면하지 않고, 자신의 마음을 전달하고 상대의 마음을 물어 가면서 소통하는 사람들은 첫사랑의 뜨거운 감정이 사라지더라도 여전히 서로를 배려하고 이해하는 것을 볼 수 있다.

최근 연구에서는 행복한 부부의 특징으로 우정 Friendship 을 꼽는다. 뜨거운 열정이 사라지고 서로를 이해하면서 배려하는 끈끈한 관계. 오래된 좋은 친구 사이에서 느낄 수 있는 감정이 행복한 부부의 특징이다. 연인보다 친구가 더 오래 갈 수 있는 이유는 친구에 대해서는 전이 감정을 느끼기보다는 현실적 기대를 하기 때문이고, 오해와 갈등이 있더라도 소통하려고 애쓰기 때문이다. 부부와 연인도 그래야 한다. 자신의 과거의 결핍을 채우기 위해 상대에게 비현실적 기대를 하는 것이 아니라, 장점과 단점 모두를 가진 불완전한 인간으로 바라볼 때 소통의 여지가 생긴다.

이런 면에서 진정한 사랑이란 그저 뜨거운 감정만이 아니라 서로를 이해하기 위해 소통하고자 하는 자세와 의지가 만드는 것이 아닐까. 소통은 사랑이 분노로 바뀌는 사랑의 역설을 치료하는 특효약이다.

✔ 사랑을 맹세한 부부가 이혼하는 이유는 단지 성격 차이가 아니라 서로에 대한 강렬한 분노 때문이다.

✔ 사회심리학자들은 매력의 법칙으로 근접성, 신체적 매력(짝 맞추기 현상), 유사성을 꼽는다.

✔ 프로이트는 과거의 중요한 사람과의 관계 경험을 성인이 되어서도 반복하는 경향이 있다는 사실을 알았다. 물론 누구를 사랑하느냐도 마찬가지다.

✔ 사랑은 따지고 보면 과거의 좋았던 것을 되풀이하거나 부족했던 것을 채우기 위한 몸부림이다. 그러나 시간이 지나서 내가 상대방의 구원자가 될 수 없고 상대방도 나의 구원자가 될 수 없다는 사실을 깨달으면 사랑이 끝나고 분노가 시작된다.

✔ 처음의 감정이 끝나고 반대의 감정을 동일한 강도로 경험하는 현상을 대립 과정이라고 한다.

✔ 사랑의 역설에 빠지지 않으려면, 자신의 관계 패턴(전이)을 잘 알아야 하고 사랑하는 사람과 끊임없이 마음을 나누는 소통을 해야 한다.

Chapter 9

함께 있으면
외롭지 않을 줄
알았는데

• 외로움의 역설 •

결혼 10년 차
남편의 후회

"형, 나 결혼 괜히 했나봐. 후회돼."

오랜만에 만난 성준이 날 보자마자 한 말이다. 성준을 처음
알게 된 것은 20대 초반이다. 여러 모로 비슷한 우리는 금세 친
해졌다. 나는 동생이 없었고, 성준은 형이 없었다. 20년 가까이
형제처럼 지냈다. 총각 때는 곧잘 만나서 놀고 깊은 이야기도
나누었는데, 둘 다 비슷한 시기에 결혼을 하고 나니 만나기가
쉽지 않았다.

나도 아내와 아이들 중심으로 생활을 하지만, 성준이는 정말
이지 아내와 아이들을 끔찍이 생각한다. 속으로 마음을 많이

쓰면서도 겉으로는 표현하지 않는 남편들과 다르다. 아내와 아이들에게 얼마나 친절한지! 내가 지금까지 본 부부 중에 최고의 잉꼬 부부, 최고로 행복한 가족이다. 물론 부부 사이에 갈등이 적지 않았고 싸우기도 많이 싸웠다. 그러나 서로에 대한 신뢰가 확실해서 그런지 갈등과 싸움을 통해 관계가 더 끈끈해지는 부부다. 최근 3년 정도는 서로 바쁘게 지내느라 만나지는 못했고 가끔 전화로 안부만 물었을 뿐인데, 만나자마자 이런 말을 할 줄은 전혀 예상하지 못했다.

"아니, 무슨 일이야? 제수씨랑 싸운 거야?"
"자잘한 싸움이야 늘 하지만, 싸워서 이런 생각이 든 것은 아니야."
"그럼 무슨 일이야? 너희 부부는 부러움의 대상이었잖아. 아니 근데 왜? 혹시 그동안 말하기 힘든 일이라도 있었어?"

성준이와 나는 온갖 이야기를 다 나누던 사이다. 부모님과 형제에 대한 고민, 직장 고민은 물론 육아와 부부 사이의 어려움도 서로 터놓았지만, 그래도 부부의 일은 워낙 예민한 사항인지라 적절한 수준에서만 이야기했을 수도 있다고 생각했다.

"말하기 힘든 일이라니? 예를 들자면?"

"뭐 성관계에 어려움이 있다든지, 제수씨나 아니면 네가 다른 사람에게 마음이 생겼다든지, 아니면 부부 싸움을 하다가 폭력이 있었다든지. 살다 보면 얼마든지 그럴 수 있잖아."

"차라리 이렇게 확실한 문제가 있었으면 더 낫지 않았을까 싶어."

"응? 그게 또 무슨 말이야?"

"결혼 생활은 무난해. 사이가 나쁜 것도 아니고. 신혼 때만큼은 아니지만 부부 관계도 나쁘지 않아. 나나 아내가 다른 사람에게 한눈을 파는 것도 아니고 폭력도 없어."

"그럼 도대체 왜 결혼을 후회한다는 거야?"

"나 외로워, 형."

성준이는 이 말을 하면서 흐느끼기 시작했다. 나는 별 말 없이 성준이의 어깨에 손을 올리면서 그 감정에 머물렀다. 아마 사람들은 결혼한 지 10년 된 남편이 외롭다고 한다면 이렇게 생각할 것이다.

'아내가 바람을 폈거나 자신이 다른 사람을 좋아하게 되었나 보네.'

'아내가 남편보다는 처가 중심으로 사는군.'

'아내가 일 중독자거나 쇼핑 중독자인가?'

'아내가 아이를 더 우선시해서 남편이 섭섭한가?'

사실 성준이는 어렸을 때부터 외로움을 많이 탔다. 그도 그럴 것이 초등학생 때 아버지가 교통사고로 돌아가셔서 어머니와 단둘이 살았다. 전업주부였던 어머니는 생계를 위해 직장에 다니기 시작했다. 남편을 여의고 아들을 키워야 한다는 부담감 때문에 일에 매달렸다. 당시만 해도 여성이 직장 생활을 하는 것이 쉽지 않았기에 어떻게든 살아남기 위해서 부단히도 애써야 했다. 웬만큼 아파서는 결근하지 않고, 회식을 하면 마지막까지 남아서 사람들을 챙겼다. 주변의 곱지 않은 시선에도 불구하고 어머니는 결국 회사에서 인정을 받았고, 얼마 전 그 회사에서 정년퇴직했다.

어머니의 사회생활이 성공적이어서 성준의 삶은 풍족했지만 마음은 외로웠다. 아직 부모의 손길과 관심이 필요할 초등학생 때부터 성준은 학교가 끝나면 학원에 갔다가 아무도 없는 집에 와서 혼자 밥을 먹었다. 친구들은 사춘기를 겪으면서 부모와 싸우고 집을 나가고 학교에 결석하면서 주체할 수 없는 감정과 에너지를 분출했지만 성준은 차마 그럴 수 없었다. 자신을 위해 열심히 일하는 엄마를 생각하면, 더구나 가끔 아빠 사진을 보면서 소리 없이 우는 엄마를 생각하면 자기마저 힘들게 할 수 없다고 생각했다.

그래서일까? 성준은 사람들에게 늘 친절하다. 사람들과 잘 어울린다. 분위기도 잘 맞춰 준다. 그래서 성준을 좋아하는 친구가 많다. 성준을 처음 본 사람들은 그가 밝은 성격에 배려심도 있고 예의가 바르다고 생각한다. 그러나 오랜 시간을 함께 지내다 보면 마음 깊은 곳에 커다란 외로움이 있음을 알게 된다. 아마 어린 시절부터 자신의 감정을 숨기는 데는 도가 텄기 때문일 것이다.

"다른 사람은 몰라도 형은 내가 외로움을 많이 탄다는 것을 알잖아. 그래서 결혼할 때도 평생 함께할 사람이 생긴다는 사실에 기대도 컸고, 너무 행복해했잖아."

성준이가 결혼할 사람을 만났다고 나한테 말했을 때의 표정이 아직도 생생하다. 엄마 손을 놓쳐서 길을 잃은 아이가 엄마를 다시 만났을 때의 그 표정이었다. 그래서 성준은 아내에게 좋은 남편, 아이들에게 좋은 아빠가 되려고 부단히 애썼다. 그리고 나름 성공적이었다. 성준의 아내도, 아이들도 모두 행복했고 또 성준도 행복하다고 느꼈으니까.

"너 얼마 전만 하더라도 행복하다고 했잖아. 생각할수록 결혼하기를 잘했다, 너무 마음이 편안하고 행복하다고. 어렸을 적부터 느꼈던 외로움이 이제는 전혀 기억 안 날 정도라고 했는데."

"맞아. 나 그렇게 말했지. 그런데 어렸을 적만큼은 아니지만, 나 다시 외로워지는 것 같아. 그런데 이 감정이 드는 것이 아내와 아이들에게 죄짓는 것 같아서 너무 싫고 힘들어. 난 도대체 왜 이러지? 형은 날 잘 알잖아. 심리학자니까 나 좀 상담해 줘."

"성준아. 내가 몇 번이나 말했잖아. 아는 사람끼리는 상담하지 않는다고. 상담은 그저 진단과 분석을 하는 것이 아니라 상담 장면에서 두 사람이 새로운 관계를 맺는 거야. 그러니까 기존의 관계가 있으면 상담에서 새로운 관계를 맺을 수 없어. 난 너의 형이지, 상담자는 될 수 없어."

"그래, 기억나네. 이중 관계인지 뭔지. 알겠어. 그럼 나 좀 분석해 줘. 상담하면서 관계 맺는 거 말고, 그냥 형이 아는 지식으로 내가 왜 이러는 건지 좀 알아봐 줘. 나 답답해 미칠 것 같아. 형만큼 날 잘 아는 사람이 없잖아. 제발."

평소 알고 지내던 사람이 상담을 요청해 오면 난감하다. 변호사나 의사 등 다른 전문직은 가족이나 친구 등 아는 사람에게 오히려 더 확실하게 서비스를 제공할 수 있는데, 심리상담은 전혀 그렇지 않다. 분석과 진단, 나름의 견해를 말해 주는 것이 상담이라면 가능하겠지만, 상담의 본질은 내담자와 상담자가 관계를 맺으며 새로운 경험을 하는 것이기 때문이다.

"내가 너를 친동생처럼 좋아하고 너에 대해 아는 것도 많지만 이것을 심리학 관점에서 분석하는 것은 별개의 문제야. 그래도 네가 이렇게 힘들어하면서 도와달라고 하니 그냥 모른 척할 수도 없고. 알았어. 다시 한번 말하지만 내 말이 틀릴 가능성도 있어. 난 너의 감정에 대한 결론이 아니라 가설을 말하는 것뿐이니까. 내 가설이 틀린지 아닌지는 너만 알겠지."

"그래 알았어. 고마워. 형, 나 왜 이렇지? 외롭기 싫어서 결혼했는데, 결혼하면 안 외로워야 하는 거잖아. 처음에는 분명 외롭다는 생각이 안 들었는데, 함께하는 시간이 쌓일수록 외로움도 더 커져. 나 이상한 거지?"

"아냐. 성준아. 지극히 정상이야. 넌 지금 외로움의 역설을 경험하는 거야."

인생은
외로움과의 싸움이다

—

　많은 사람들이 외로움을 싫어한다. 외로움을 피하고 싶어서 친구를 사귄다. 친구를 만난다고 외롭지 않을까? 마음이 맞는 친구와 만나서 수다를 떨고 웃고 즐길 때 잠시 외로움을 잊을 뿐, 친구와 헤어져서 집에 돌아오는 그 순간부터 외롭다. 만약 마음이 맞지 않거나 확연한 비교가 될 만큼 수준 차이가 나는 친구를 만난다면 만나는 그 순간부터 외롭고 헤어지면 더 허전하다.

　어느 날 외로운 마음에 친구랑 통화라도 할까 싶어 전화를 했지만 연락이 닿지 않으면, 그 순간 외로움이 몰려온다. 그래도 조금 있으면 연락되겠지 하고 외로움을 잠시 치워 놓는다.

이내 전화가 온다.

"너 전화했었어?"

"응. 너 뭐해?"

"친구들이랑 놀고 있어. 진짜 재미있어."

"친구? 무슨 친구?"

"중학교 친구들이야. 뭐 특별히 할 말 있는 것은 아니지? 그럼 다음에 보자. 친구들이 불러서 말이야. 안녕!"

친구와 전화를 끊자 더 큰 외로움이 밀려온다. 수화기 너머로 들려오는 하하 호호 즐거운 목소리가 슬픈 영화의 배경 음악처럼 뇌리에서 사라지지 않는다. 마음이 복잡하다. '나 말고도 다른 친구가 있었다니!'라는 생각이 든다. 친구가 나밖에 없을 것이라고 기대하지도 않았고, 자신도 저 친구 말고 다른 친구들이 분명히 있는데도 도대체 왜 이런 생각이 드는지 혼란스럽다. 섭섭하고 외롭고 짜증나는 감정을 감출 수가 없다. 외로워서 친구를 만나는데, 친구를 만날수록 외로운 감정이 더 커진다.

친구가 이 정도밖에 외로움을 해결해 주지 못하는 존재라면, 연애가 낫겠다는 생각이 든다. 친구는 여러 명이지만 애인은 한 명이니까 외로움이 덜하겠지 싶은 것이다. 주변에서 연애를 시작한 친구를 보니 너무나 행복해 보이고 즐거워 보인다. "연애하면 외롭지는 않지?"라고 물어볼 필요조차 없다. 이미 얼굴에 "외로움? 그게 뭐였지?"라고 쓰여 있기 때문이다. 연애를 하기로 결심한다. 열심히 소개를 받고 자신에게 관심을 보이는 이성을 잘 살핀다. 예전 같으면 그냥 무시했을 텐데, 이제는 전향적 자세로 그들을 마주하기 시작한다.

그랬더니 놀라운 일이 생겼다. 연애를 시작한 것도 아니고 단지 연애를 해야겠다고 마음만 먹었는데도 외로움이 사라지는 것 같기 때문이다. 연애가 외로움을 근본적으로 해결해 줄 것이라는 생각에 희망이 부풀어 오른다. 결국 고르고 골라서 괜찮은 사람과 연애를 시작했다. 초반은 언제나 좋다. 모든 것이 설렌다. 서로를 알아가느라 바쁘다. 서로에게 처음이라 서툴기도 하다. 마음을 주고받고, 스킨십도 늘어난다. 서로의 친구들도 알게 되고, 서로의 가족 이야기도 듣게 된다. 그러면서 마음이 꽉 채워지는 느낌이 든다.

그렇게 외로움이 사라지나 싶었는데 이상하다. 시간이 지날수록 조금씩 외로움이 스멀스멀 올라온다. 함께할 때는 좋다가도 집으로 혼자 돌아가는 순간이 외롭다. 휴일에 만나고 싶은데, 애인은 "가족 행사가 있어. 미안해"라고 말한다. 미안하게 만드는 것도 싫고 친구 없는 사람처럼 보이기 싫어서 "아,

맞다. 나도 이번 주에 친구들 만나"라며 갑자기 없는 스케줄을 만들어 낸다. 애인은 "다행이야. 친구들과 좋은 시간 보내"라고 말한다. 전화를 끊으면서 혼자 중얼거린다. '개뿔, 친구는 무슨. 친구 만나면 외로워서 연애를 시작한 건데.'

시간이 지날수록 더 이상 알아 갈 것도 없고 서툴 것도 없다. 모든 것이 자연스럽고 자동적이다. 연애 초반에는 함께 만나서 서로를 바라보았지만, 이제는 함께 만나도 각자의 일을 한다. 혼자 있는 것보다는 좋을 때도 있지만, 함께 있어도 외로움이 느껴질 때는 차라리 혼자가 낫다는 생각마저 든다. 연애 기간이 길어질수록, 함께할수록 외로움은 더 커진다.

도대체 뭐가 문제일까 싶다가 서로의 삶이 분리되어 있는 것이 문제라는 결론에 도달한다. 그래서 함께 살면, 가족이 되면, 서로의 삶을 공유할 수 있으면 덜 외롭겠다는 생각에 결혼을 이야기한다. 결혼을 준비하면서 싸우기도 하고 크고 작은 어려움도 겪게 되지만 확실히 외로움은 사라졌다. 성공이다! 너무 정신이 없고 준비할 것이 많아서 차라리 외로웠으면 좋겠다는 생각마저 드니 천지가 개벽할 노릇이다. 인생역전에 성공한 것 같다.

그렇게 정신없이 결혼식을 치르고, 신혼여행을 가고, 집들이를 한다. 아침에 눈을 떠서 처음 보는 사람, 그리고 하루를 마무리하며 잠자리에 들 때까지 같이 이야기를 나눌 수 있는 사람이 있다는 것이 감사하고 흥분된다. 사랑하는 사람과 결혼하는 동시에 외로움과는 이혼했다는 생각마저 든다. 외로움이 사라진 삶은 처음 경험한다. 가능하면 이 기분을 계속 느껴 보고 싶은데, 주변에서도 그렇고 배우자도 그렇고 자꾸 아기 이야기를 한다. 또 길 가다가 보는 아기들을 보면 그렇게 예쁠 수가 없다. 비록 집은 좁지만 둘만 있기보다는 셋 혹은 넷이 함께 있다면 더 좋을 것 같아서 결국 임신을 하고, 출산을 하고, 육아의 세계에 뛰어든다.

그런데 이게 웬일인가? 사람이 더 많으면 덜 외로울 거라 생각했는데, 둘만 있던 알콩달콩 신혼부부의 삶에 찾아온 것은 사람이 아닌 일감이다. 먹이고, 재우고, 씻기고, 입히고, 병원에 가고. 언제 사랑하는 배우자와 눈을 맞추며 이야기를 나누었는지 생각도 나지 않는다. 아니 생각할 겨를이 없다. 둘 다 직장을 다니니 육아와 가사도 동등하게 분담하자고 약속했기에 아침부터 전쟁이고, 저녁에 아이와 함께 쓰러져 자기까지 또 전쟁이다.

신혼 때는 집에 오면 날 찾던 배우자가 이제는 아이부터 찾는다. 아이가 나에게 오면 배우자에게 미안하고, 배우자에게로 가면 외롭다. 이건 뭐 삼각관계도 아니고. 아이가 하나라서 그럴까? 아이가 둘이어서 각자 한 명씩 데리고 있으면 괜찮을까 싫어 조심스레 배우자에게 둘째를 제안한다. 배우자는 난색을 표하나, 주변에서도 하나면 외로우니 둘은 낳아야 한다고들 해서 둘째를 가지기로 결정한다. 첫 아이 때만큼은 아니지만 둘째의 임신과 출산, 육아도 설레고 흥분되는 일이다. 그런데 아이가 둘이 되니 집안일은 두 배가 아닌 제곱배가 되었다.

예전에는 몸이 바쁘면 마음이 외롭지 않는데, 결혼 후 육아와 가사에 도가 트고서는 몸이 바쁘면서도 외롭다는 생각이 든다. 미치겠다. 배우자에게 이런 이야기를 털어놓지만, 돌아오는 대답은 너무 황망하다.

"그랬어? 나도 그래. 근데 여보 내일 아침에 애들 어린이집에 데려다줄 때, 쇼핑백에 담아 놓은 준비물도 꼭 가져다줘야 해. 그리고 내일 저녁에 나 회식 있어. 아마 늦을 것 같으니, 당신이 저녁에 애들 씻기고 먹이고 재워 주라."

"야, 너 어떻게 이럴 수 있어? 내가 외롭다고 하잖아! 내가 육아 도우미, 가사 도우미로밖에 안 보이니!"

이렇게 "너만 힘드냐, 나도 힘들다", "그럼 어쩌자는 거냐", "왜 나한테 이렇게 하냐" 등 질문인지 비난인지 하소연인지 정체 모를 대화가 오가다가 부부싸움이 시작된다. 가뜩이나 힘든데 감정까지 상하니 더 지친다. 외로움이 사라지기는커녕 배우자까지 힘들게 했나는 자괴감에 더 괴롭다. 외로움도 힘든데 괴로움까지. 이래서 부부를 전생의 원수라고 하나 보다. 하지만 이혼할 것은 아니니 그렇게 싸우고 나서, 각자 잠이 들고, 아침에 일어나서는 아무 일 없었다는 듯이 함께 밥을 먹고 아이들을 챙기고 출근을 한다.

이렇게 티격태격 싸우기라도 하면 다행이다. 외로움을 해결하려고 외도를 하거나, 집에 들어가기 싫다고 친구들을 만나거나, 혼자만의 취미 생활을 즐기러 나가거나, 함께 있어도 대화가 단절되기 시작하면 둘 중 한 사람은 자녀로부터 외로움을 보상받으려 한다. 그래도 자식은 피붙이라서 자신을 외면하지는 않는다. 하지만 자녀가 커서 결혼을 하면 나의 외로움을 달래 주던 유일한 상대를 빼앗겼다는 생각에 며느리와의 갈등, 사위와의 갈등이 시작된다.

머지않아 이 외로움을 달래 줄 손주가 나타난다. 비록 몸은 힘들지만 마음의 외로움은 눈 녹듯 사라진다. 손주에 대한 사랑이나 손주를 통해 자신의 외로움을 달래려는 마음이 적절하면 좋으련만 적절한 수준을 맞추는 것이 쉽지 않다. 결국 이 때문에 아들과 며느리, 딸과 사위랑 갈등이 심해진다. 자식 입장에서는 부모와의 갈등을 피하고 싶기도 하고 아이가 어느 정도 크면 자신들이 직접 육아를 할 수 있겠다는 생각에 자녀를 더 이상 부모님에게 맡기지 않는다.

　자식도 빼앗겼는데 손주까지 빼앗겼다는 마음에 화가 치밀고 또다시 시작되는 외로움의 홍수에 빠져서 허우적거린다. 그러다가 어느 날 고독사로 세상과 작별한다.

행복의
비밀

———

평생 외로움을 타고 외로움을 달래려 사는 인생사를 읊어 주니 성준의 표정이 좋지 않다.

"그래서 하고 싶은 말이 뭐야. 결국 외로움은 인간의 피할 수 없는 숙명이라는 거야? 아니면 내가 남은 인생을 그렇게 살 거라고 저주하는 거야!"

"지금 나한테 화났어?"

"응! 난 내 외로움의 원인에 대해 알려 달라고 했잖아. 지금 내 인생이 평생 외로움에서 벗어나지 못한다고 저주한 것처럼 느껴져! 너무 화나!"

성준의 화난 마음을 공감해 주고 이해해 주었다. 그리고 널 저주한 것은 아니며, 외로움 때문에 힘들어하는 많은 사람들의 삶이 이렇게 될 수 있다고 가정한 것뿐이라고 알려 주었다. 성준은 자신의 감정을 표현하고 내 마음을 들은 후 기분이 좀 나아졌는지 다시 묻는다.

"그런데 왜 이렇게 인간은 외로운 거야? 함께 있으면 외롭지 않아야 하는 거 아냐?"

"아냐, 그렇지 않아. 외로움은 누군가와 함께 있다고 사라지는 게 아니야."

많은 사람들은 누군가와 함께하면 외로움이 사라질 것이라고 생각한다. 마치 빛과 어둠의 관계처럼 서로 양립할 수 없다고 생각하지만, 엄밀히 말해 이 둘은 우리 마음에 언제나 존재한다. 그래서 어떤 경우는 함께하는 것에 지쳐서 스스로 외로움을 선택하는 이들도 있다. 몇 년 전부터 유행처럼 번지는 혼밥, 혼술 등이 그런 예다. 그렇다고 계속 혼자 있는 것을 추구하는 것도 아니다. 혼자 있으면서도 남의 SNS를 기웃거리고 싶은 마음도 있다. 또 혼자만의 시간을 즐기면서도 아는 사람이 하나도 없는 동호회에 혼자 가입하여 활동한다.

어쨌든 외로움은 사라지는 것이 아니라 죽을 때까지 함께 가는 마음이다. 그래서 철학자들은 외로움을 실존의 문제로 본다. 살아있는 동안 피할 수 없는 감정이라는 것이다. 이는 단지 철학자들의 따분한 이야기가 아니다. 생물학자들도 외로움에 영향을 미치는 유전자가 있음을 증명했다.

◇ **외로움 유전자의 발견**

미국 샌디에이고 대학교 연구팀은 50세 이상 성인을 대상으로 외로움에 관한 연구를 진행했다. 참가자들의 신체 건강 및 유전자 자료, 그리고 외로움과 관련 있다고 생각하는 여러 정보를 수집했다. 또 외로움을 얼마나 느끼는지 설문조사도 실시했다.

과학자들이 외로움과 유전자의 관계에 관심을 갖는 이유는 무엇일까? 그것은 외로움이 우울증이나 양극성 장애(조울증), 조현병(정신분열증)과 같은 정신장애와 밀접한 관련이 있기 때문이다. 외로움이 정신장애를 진단하기 위한 진단 기준이기도 하고, 정신장애가 발병하면 외로움의 감정을 크게 느끼기도 한다. 그런데 이상의 정신장애는 모두 유전적 원인이 있기 때문에 외로움 역시 유전자의 영향이 있을 것이라는 가설을 세웠다. 연구 결과, 이 가설은 증명되었다. 즉, 외로움은 교육 수준이나 경제력, 정신 건강 등 심리적, 사회적 요인보다는 유전자와 가장 큰 상관을 보였다.

유전의 영향으로 외로움을 느낀다면 외로움을 느끼는 사람들은 모두 유전의 영향일까? 아니면 어느 정도의 사람들이 유전의 영향으로 외로움을 느낄까?

영국 케임브리지 대학교 연구진은 세계 최대 규모의 유전자 정보 은행인 바이오뱅크Biobank의 도움을 받아 45만 명 이상의 자료를 분석했다. 자료에는 유전자 정보만 있는 것이 아니라 다양한 질문에 대한 응답도 포함되어 있었다. 예를 들자면, 함께 사는 가족이 있는지, 혼자 산다면 얼마나 자주 친구 또는 가족과 만나는지, 스스로 얼마나 자주 다른 사람들로부터 고립됐다고 느끼는지, 얼마나 자주 스스로 외로운 사람이라고 느끼는지 등에 대한 것들이었다.

연구 결과, 외로움을 보고하는 사람으로부터 공통적인 유전변이를 찾아냈다. 유전변이란 유전자 자체의 변화, 조합의 변화, 염색체의 변화를 비롯해 유전자의 변화를 의미하며, 이는 자손에게 전달된다. 연구진은 외로움을 느끼는 사람 중 약 5%는 부모로부터 관련된 유전자를 물려받은 것으로 보인다고 밝혔다. 흥미로운 사실은 이 유전변이는 낮은 학력, 비만, 신경질적인 성격과도 상관이 있는 것으로 나타났다. 예를 들어, 체중이 감소하면 이 유전변이가 변화해서 이전보다 외로움을 덜 느끼게 된다.

"형, 그럼 난 유전자 때문에 외로운 5%에 속하는 사람이라는 거야?"

"그럴 가능성도 있지. 혹시 아버지 돌아가시기 전 모습 생각나? 아니면 엄마는 좀 어떠셨어? 엄마도 외로움을 잘 타는 성격은 아니셨어?"

"우선 아버지는 생각이 잘 안 나. 아버지 모습은 기억나지만, 내가 어렸을 때라서 아버지의 감정까지는 잘 모르겠어. 그런데 확실히 엄마는 외로움을 많이 타셔. 주변 사람들은 잘 모르지. 엄마는 경제적 부양에 대한 책임 때문에 집 밖에서는 늘 밝고 친절하게 사람들을 대하셨거든. 그런데 집에만 오면 힘들어하기도 하시고, 자주 울기도 하셨어. 어렸을 때는 '엄마가 힘들구나'라고만 생각했는데, 내가 클수록 엄마도 나처럼 외로워한다는 생각이 들었어."

"그래, 어쩌면 너의 외로움은 유전의 영향도 있을지 몰라."

"하지만 유전자를 바꿀 수도 없잖아. 그럼 난 그냥 이렇게 살아야 해?"

"아니야, 행복해질 수 있는 방법이 있어."

사람들에게 유전의 영향에 대해 이야기하면, 모든 것이 유전자 때문인 것 같아 좌절한다. 분명 유전의 영향은 우리의 예상보다 크다. 행복을 연구하는 심리학자들도 인간의 행복감에 영향을 미치는 유전자의 영향을 조사했는데, 그 결과 50% 정도가 유전의 영향이라는 결론에 도달했다. 실제로 다양한 사람들을 만나다 보면 작은 좌절에도 크게 힘들어하는 사람이 있는가 하면, 큰 좌절도 잘 이겨 내는 사람이 있다. 기본적으로 밝고 긍정적인 사람이 있고, 특별한 일이 없어도 우울하고 슬픔에 빠져 있는 사람들이 있다. 모두 유전의 영향이다.

이 이야기에 어떤 이들은 '역시 신은 공평하지 않아. 행복마저도 금수저, 흙수저가 있다니! 역시 난 불행할 운명인가. 내가 무슨 짓을 해도 변하지 않는 50%가 있다니!'라고 생각하지만, 또 다른 이들은 '생각보다 행복에서도 유전의 영향이 크네. 하지만 나머지 50%는 내가 노력하면 얻을 수도 있다는 거잖아? 한번 도전해 보자!'라고 생각한다. 나는 이 글을 읽는 당신이 후자이길 바란다.

◇ **50%의 가능성을 찾아서**

행복의 50%가 유전의 영향을 받는다면 나머지 50%는 무엇일까? 대부분의 사람들은 돈과 건강, 학벌, 좋은 집과 비싼 차, 결혼과 출산 등을 비롯해 자신에게 부족하거나 필요한 부분을 떠올린다. 심리학자들의 연구 결과는 다시 한번 예상을 뒤집는다. 이런 조건을 다 합쳐 봐야 행복의 10%에만 영향을 줄 수 있다는 것이다.

우리가 추구하는 여러 조건이 이렇게 예상보다 적은 수준으로 행복에 영향을 미치는 이유는 인간의 뛰어난 적응력 때문이다. 돈이 없을 때는 돈이 많으면 행복할 것 같지만, 정작 돈이 많으면 처음에만 좋을 뿐 금세 적응되어서 당연하게 느껴진다. 건강도 그렇고, 학벌 등 모든 조건이 다 그렇다. 따지고 보면 삶의 조건도 크게 바꾸기가 어렵다. 내가 원하는 만큼 돈을 벌기도, 학벌을 높이기도, 아픈 몸을 건강하게 만들기도 어렵다. 유전자만큼은 아니지만 조건 역시 내 뜻대로 결정하고 선택하기 어렵다.

아직 좌절하지 말자. 40%가 남았다. 행복의 40%는 우리가 일상에서 선택하고 결정할 수 있는 마음의 자세와 태도, 습관의 영향을 받는다고 한다. 대표적으로는 감사, 용서, 강점과 장점에 집중하기, 낙관주의, 인간관계를 꼽을 수 있다. 그런데 이 중에서 행복에 가장 크게 영향을 미치는 것은 인간관계다. 사회적 동물인 사람은 다른 사람들과 건강한 관계를 맺을 때 행복감을 가장 크게 느낀다.

"관계라고? 형 말에 모순이 있어. 난 외로워서 관계를 맺었는데, 관계를 맺어도 여전히 외롭다고 했어. 그랬더니 형은 내 외로움이 유전자 때문일 수 있다고 했지. 그런데 유전자 때문에 행복하지 않을 수도 있지만, 유전자의 영향을 받지 않는 행복도 있다면서 관계를 맺으래. 이게 도대체 무슨 논리야? 난 관계를 맺어도 외롭다고!"

"관계를 맺으라는 말은 그냥 사람을 만나 사귀고 연애하고 결혼하라는 이야기가 아니야. 관계에서 핵심을 놓치고 있으면, 관계도 아무런 도움이 안 돼. 네가 경험한 것처럼 오히려 더 외로워질 수도 있어."

함께 있어도
외로운 이유

—

그저 누군가와 같은 공간에 있다고 외로움이 해결되는 것은 아니다. 미국의 사회학자 데이비드 리스먼David Riesman은 2차 세계대전 직후의 미국 사회를 바라보면서 '군중 속의 고독'을 이야기했다. 사람들이 함께 있는 것 같지만, 실은 그 이면에 고독과 외로움이 자리 잡고 있다는 것이다. 일례로 출퇴근 시간에 붐비는 지하철과 버스를 생각해 보자. 작은 공간 안에 정말 많은 사람들이 함께 있다. 하지만 그들과 관계를 맺지는 않는다. 서로 관심이 없고 대화를 하지도 않는다. 그저 같은 공간에 있을 뿐이다. 당연히 외롭다.

친구가 되어서 서로의 안부를 묻고, 함께 놀고, 사랑을 하고,

가정을 꾸리면 외로움이 달래질까? 단지 이런 행위만 한다고
해서 진짜 관계를 맺는다고 볼 수는 없다. 진짜 관계는 제대로
된 소통을 할 때 가능하다. 특히 가까운 사이일수록 상대방이
자신의 마음을 다 알고 자신도 상대방의 마음을 다 안다고 착
각해서 제대로 소통하지 않을 때가 많다.

실제로 부모님들과 대화를 해 보면 자녀가 어떤 생각을 하고
왜 저런 행동을 하는지 다 안다고 말한다. 그러나 정작 그 자녀
와 이야기를 해 보면 부모의 말은 거의 다 틀렸다. 부부끼리도
그렇다. 남편은 아내가 얼마나 힘든지 안다고 생각하고 아내
가 자신의 마음을 다 알고 있다고 생각한다. 과연 그럴까?

◇ **지식의 저주**

미국 스탠포드 대학교의 심리학자 엘리자베스 뉴튼Elizabeth
Newton은 한 가지 실험을 진행했다. 실험에 참가하겠다고 자
원한 사람들을 2인 1조로 묶어서 제비를 뽑게 했다. 한 사람은
두드리는 사람Tapper, 또 다른 사람은 듣는 사람Listener 역할이
주어졌다. 이 실험은 한 사람이 누구나 알 만한 노래의 리듬을
떠올리면서 탁자를 두드리면 다른 한 사람이 그 리듬만을 듣고
어떤 노래인지 알아맞히는 것이었다. 두드리는 역할을 맡은
참가자에게 노래 제목이 적힌 종이를 주었다. 그 종이에는 정

말 모두가 알 만한 노래 120곡의 제목이 적혀 있었다.

노래 제목을 보게 한 후 두드리는 사람에게 물었다. 노래의 멜로디는 전달하지 않고 탁자를 쳐서 리듬을 들려주면 상대방이 제목을 맞힐 확률이 얼마나 될지. 두드리는 사람은 피식 웃으면서 노래가 너무 쉬워서 50%는 맞출 것이라고 대답했다.

탁탁탁탁 탁탁탁 탁탁탁탁 탁탁탁

두드리는 사람은 너무 쉽다고 생각하면서 자신이 고른 노래의 리듬을 두드렸다. 두드리는 사람 입장에서는 쉬울지 모르나 듣는 사람 입장은 전혀 달랐다. 탁탁 소리가 전부다. 노래 목록이라도 보여 주고 고르라면 모를까, 누구나 들으면 알 수 있는 노래라는 정보만 주고 맞혀 보라니! 이 세상에서 누구나 들으면 알 수 있는 노래가 얼마나 많은데! 어려워하는 참가자를 보고 두드리는 사람은 '이거 몰라? 잘 들어 봐. 아 답답하네. 모르겠어? 음포자(학창시절에 음악을 포기한 사람)야?'라고 생각하며 답답해했다.

과연 듣는 사람은 얼마나 맞혔을까? 정답률은 겨우 2.5%였다. 두드리는 사람은 무려 20배로 과대 예측을 한 것이다. 이처럼 자신이 알고 있는 지식을 상대도 알고 있을 거라고 착각하는 현상을 지식의 저주The Curse of Knowledge라고 한다.

서로를 안 지 얼마 되지 않았거나 친하지 않다면 상대가 자신의 마음을 알 것이라고 기대하지 않는다. 그러나 절친이나 연인, 부부, 가족 등 오랜 시간 함께한 사람은 자연스럽게 내 마음 상태를 상대가 알 것이라고 착각한다. 그래서 우울하고 힘들 때 내가 표현하지 않아도 상대가 알 것이라고 착각하고 자신을 위로해 주기를 바란다. 서운한 것이 있을 때도 그렇고, 몸이나 마음이 힘들 때도 그렇다.

특히 우리나라 사람들은 감정, 그중에서도 부정적 감정을 드러내지 않는 것이 예의라고 배웠다. 그래서 그런지 가까운 관계일수록 부정적 감정을 드러내지 않으면서도 상대가 당연히 알 것이라고 생각하는 지식의 저주에 빠져 있는 경우가 많다. 이것이 결국에는 관계를 맺어도 함께하는 것 같지 않다는 느낌을 초래하고, 이 때문에 함께할수록 외로워지는 것이다.

◇ **관계의 핵심은 소통이다**

"그럼 형 말은 내가 아내에게 내 마음, 특히 감정을 충분히 표현하지 않았다는 거야?"

"아마 네 입장에서는 아내가 알고 있다고 생각할 거야. 지식의 저주 실험에서도 사람들은 그렇게 생각했거든. 너는 최근에 계속 우울하거나 힘들어했고, 분명 제수씨가 그 부분에 대해서 언급하기도 했겠지. 또 네가 실제로 너의 요즘 상태를 이야기했을 수도 있고. 하지만 중요한 점은 네가 느끼는 것만큼 과연 제수씨도 네 상태를 알고 있느냐는 거지. 나도 아내랑 이것 때문에 참 많이 싸웠어. 내가 한참 힘들 때 나름대로 표현한다고 했고 나를 좀 배려해 달라고 했는데, 아내는 내 상태를 전혀 모르는 사람처럼 평소에 하듯이 내 상황보다는 아이들 중심으로 모든 것을 결정하더라고. 그래서 정말 많이 싸웠지. 싸우면서 알게 된 것은 있어. 아내는 내가 알고 있는 것처럼 내 마음을 정확히는 모르고 있었더라고."

"형 말을 듣고 보니 나도 그런 것 같아. 나도 아내에게 요즘의 내 감정에 대해서 어렵게 이야기했는데, 아내는 가볍게 넘기는 것 같아서 서운했거든. 그래서 점차 말해도 소용없다는 생각이 들고, 그러면서 계속 한 집에서 자고 밥 먹고 살아야 하니 더 내가 무시당하는 기분이 들었어."

"너 그동안 나 만나면서 외롭다고 느낀 적 있어?"

"형 만나면서? 아니 한 번도 그런 생각 안 해 봤는데. 그러고 보니 진짜 신기하네. 왜 형을 만나서는 그런 생각을 못 했을까?"

"나도 그래. 널 만나면서는 외롭다는 느낌을 받아 본 적이 없거든. 그 이유는 우리가 자신의 마음, 특히 감정을 숨기지 않고 소통했기 때문이야. 오늘도 너는 기분이 나빴지만 그 마음을 표현했고 나도 마음을 전달했잖아. 우린 20년 이상을 이렇게 지냈지. 그러니 함께 있어도 외로움을 느끼지 않을 수 있는 거야."

　누군가를 만나도, 함께 있어도 외롭다는 것은 소통이 되지 않는다는 것을 의미한다. 소통이 되지 않는다면 함께할수록 오히려 외롭게 된다. 분석심리학Analytic Psychology 창시자인 칼 융Carl G. Jung도 "외로움은 내 곁에 아무도 없을 때가 아니라 자신에게 중요하게 여겨지는 것을 의사소통할 수 없을 때 온다" 면서 관계에서 소통의 중요성을 말했다.

혼자서도
강한 사람이 되자

—

"형, 고마워. 내가 그동안 왜 외로웠는지 알게 됐어. 난 그저 함께 있으면 외롭지 않을 줄 알았는데 그게 아니었네. 어 렸을 적부터 엄마를 비롯해 주변 사람들에게 솔직하게 마음을 드러내 본 적이 없어서 그런 것 같아. 아내를 너무 사랑하니까 내가 감정을 드러내면 아내가 힘들어 할까 봐 끝까지 표현도 못 했지. 또 아내가 요즘의 내 마음 상태를 알고 있을 거라고만 생각했어. 그런데 아무런 반응이 없으니 더 섭섭하고 외로움 은 커져만 간 것 같아. 오늘 집에 가서 아내와 이야기 좀 해야 겠어. 내 마음 상태를 어떻게 알고 있는지. 또 나도 아내의 마 음을 다 안다고 생각했는데, 아내 입장에서는 다르겠지? 아내도 나한테 섭섭한 것이 있을 수 있으니까."

"그래, 성준아. 꼭 제수씨랑 이야기해 봐. 그리고 마지막으로 기억해야 할 것이 있어. 외로움은 반드시 없애야 할 것은 아니야. 어쩌면 꼭 필요한 것이지."

◇ **외로움을 고독으로 승화하라**

사람은 부부 관계에서 만들어지고 부모와의 관계에서 성장한다. 다른 동물보다 무력한 기간이 긴 탓에 출생 후 꽤 오랜 시간 동안 부모의 도움을 받는다. 이렇다 보니 언뜻 상반돼 보이는 두 욕구가 동시에 자란다. 관계에 대한 욕구와 독립에 대한 욕구, 함께하고 싶은 마음과 혼자 있고 싶은 마음. 그렇기에 외로움을 느끼는 사람은 영원히 누군가와 함께 있기를 바라겠지만, 누군가와 마음으로 충분히 소통하는 관계를 맺고 나면 놀랍게도 혼자 있고 싶은 마음이 올라온다. 그래서 철학자들은 결국 외로움은 없어져야 할 나쁜 것도 아니고, 어떻게 하더라도 없어지지 않는 실존의 문제라고 말한다.

그러면 외로움을 어떻게 마주해야 할까? 외로움Loneliness을 고독Solitude으로 승화하라고 말한다. 신학자이자 철학자인 폴 틸리히Paul Tillich는 "외로움은 혼자 있는 고통을 의미하지만, 고독은 혼자 있는 즐거움을 의미한다"고 말했다. 즉, 혼자를 어떻게 받아들이느냐가 중요하다. 혼자 있을 때 '난 혼자야. 사람들이 날 좋아하지 않아'라고 생각하면 고통이겠지만, '다시 사람들과 함께할 순간이 올 테니 지금은 혼자만의 시간이 필요해'라고 생각하면 즐거움일 수 있다.

실제로 폴란드의 사회학자 지그문트 바우만Zygmunt Bauman은 "사람들은 고독을 통해 생각을 집중하고 신중하게 되며 반성한다. 더 나아가 고독은 사람과의 소통에 대한 의미와 기반을 마련해 주는 숭고한 조건이다"라고 했다. 독일의 철학자 마르틴 하이데거Martin Heidegger 역시 "타인의 지배 아래 놓인 일상으로부터 떨어져 나온 유한하고 고독하며 불안으로 가득 찬 세계는 우리의 본래적인 세계, 그곳에서 비로소 우리는 존재의 의미를 깨닫는다"고 했다.

이들의 말처럼 관계 속에서 온전히 소통하기 위해서도 먼저 자신의 마음을 잘 들여다보는 일이 필요하다. 나로 온전히 존재할 수 있을 때에야 타인과의 관계도 온전해질 수 있기 때문이다.

◇ 혼자 있는 시간의 힘

끊임없이 의지하고 기댈 사람을 찾는 성향을 의존성 성격Dependent Personality 이라고 한다. 이들은 혼자 있는 것을 견디지 못한다. 인생의 큰 결정은 물론이거니와 식사 메뉴를 고르는 일상의 사소한 결정까지 누군가가 대신해 주기를 바란다. 자기 혼자서는 아무것도 못한다. 어렸을 적에는 부모에게, 학교에서는 친구에게, 그다음은 연인이나 배우자, 자식에게 의지하는데, 그 정도가 너무 심해서 상대방은 완전히 소진된다. 그래서 결국 떠난다. 그러면 이별을 슬퍼하기보다는 자신의 또 다른 구원자, 즉 자신이 마음껏 의지할 수 있는 누군가를 찾아 나선다. 마치 흡혈귀가 피를 빨아먹을 사람을 찾아 나서는 것처럼 말이다. 그러나 진정한 관계 맺기를 위해서는 혼자만의 시간이 필요하다.

"연애나 결혼 초반에는 사랑하는 사람과 함께 있으니 좋기도 했지만, 온전히 내 자신의 마음을 들여다볼 수 있는 시간이 필요했던 것 같아. 외로움이라고 느껴지면 너무 힘들고 좌절되지만, 나에게 필요한 시간이라고 생각하면 견딜 수 있겠는걸."

"그래, 성준아. 맞아. 그래서 어쩌면 우리가 각자의 시간을 갖기도 하고, 또 만났을 때는 솔직하게 소통해서 함께해도 외롭지 않은 것 같아. 앞으로도 우리 이렇게 지내자. 그리고 너도 누구와 함께하든 나와 그랬듯이 이렇게 소통하면서 지내면 좋겠어!"

✔ 많은 이들은 함께하면 외롭지 않을 것이라 생각하지만, 이 외로움은 우리 마음에 언제나 존재한다.

✔ 친구를 사귀고, 연애를 하고, 결혼을 하고, 아이를 낳아도 외로움은 사라지지 않는다.

✔ 함께한 상대방이 자신의 마음을 알아주지 못한다는 생각에 오히려 더 외롭다.

✔ 외로움은 인간의 숙명이다. 철학자들은 외로움을 실존의 문제라 하고, 생물학자들은 외로움이 유전 때문이라고 한다.

✔ 외로움뿐 아니라 행복 역시 유전의 영향이 크다. 행복해지기 위해 우리가 선택할 수 있는 방법은 인간관계를 맺는 것이다.

✔ 지식의 저주에 빠지지 않도록 정확하게 소통하는 관계가 덜 외롭게, 그리고 행복하게 만든다. 특히 감정을 나누는 것이 필요하다.

✔ 소통을 해도 남아 있는 외로움은 고독으로 받아들일 필요가 있다.

관계, 사랑, 인생이 내 마음처럼 안 되는 이유
심리학의 역설

© 강현식(누다심) 2022

인쇄일 2022년 8월 29일
발행일 2022년 9월 5일

지은이 강현식(누다심)
펴낸이 유경민 노종한
책임편집 김세민
기획편집 유노책주 김세민 **유노북스** 이현정 류다경 함초원 **유노라이프** 박지혜 장보연
기획마케팅 1팀 우현권 **2팀** 정세림 유현재 정지안
디자인 남다희 홍진기
기획관리 차은영
펴낸곳 유노콘텐츠그룹 주식회사
법인등록번호 110111-8138128
주소 서울시 마포구 월드컵로20길 5, 4층
전화 02-323-7763 **팩스** 02-323-7764 **이메일** info@uknowbooks.com

ISBN 979-11-92300-26-9 (03180)